하루 한 권 학습만화 **1**

세계의역사

일러두기

이 책은 세계사를 바라보는 다양한 시각 및 국제정치적 감각을 길러주기 위한 목적으로 기획되었다. 원서는 비교 역사학을 토대로 서술되어 특정 국가의 시각에 치우치지 않고 세계 각국의 다양한 역사적 사실에 기반을 두고 있다. 다시 말해 우리 민족의 관점으로 바라본 세계사가 아님을 밝힌다.

다만 역사라는 학문의 특성상 우리나라 학계 및 정서에 맞지 않는 영토분쟁·역사적 논쟁점도 분명히 존재한다. 편집부 역시 이러한 사실을 인지하고, 국내 정서와 다른 부분은 되도록 완곡한 단어로 교정했다. 그러나 오늘날 발생하는 수많은 역사 분쟁을 다양한 시각에서 논의할 수 있도록 필요한 부분은 원서의 내용을 살려 편집했다. 교육 자료로 활용하거나 아동이 혼자 읽는 경우 이와 같은 부분에 지도가 필요할 수 있음을 당부드린다.

제1장 인류의 탄생

아프리카에서 비롯된 인류는 원인(猿人)·원인(原人)·구인류를 거쳐
약 20만 년 전 현생 인류로 진화했다.

현재 — 20만 년 전 — 60만 년 전 — 200만 년 전 — 700만 년 전

죽음의 개념

죽은 자에게 꽃을 바치는 등 '죽음'이라는 추상적인 개념을 이해함

구인류

고도의 기술로 돌을 가공해 '찌르개' 등의 석기를 제작함

원인(原人)

아프리카를 넘어 유라시아 각지로 진출한 인류

원인(猿人)

약 700만 년 전, 직립보행을 시작한 인류, 아프리카에서 발견됨

도구의 사용

대표적인 인류는 돌을 도구로 사용한 '호모 하빌리스'

불의 사용

인류는 불을 통해 화식(火食)과 안전을 누리게 됨

 공존

신인류

현생 인류의 직접 조상. 약 20만 년 전에 출현해 세계 각지로 퍼져 나감

동굴벽화

동굴벽화·우상 등 많은 문화를 일궈냄

제2장 도시의 형성

농경·목축과 더불어 정착 생활을 시작한 인류는
이윽고 신전을 중심으로 도시를 형성했다.

수메르 지역의 어느 대형 취락

취락의 높은 장소에 '신전'을 짓고, 수확물을 저장하는 '저장고'를 구축함. 취락이 커지면서 신전을 중심으로 도시가 형성됨

신전 중심의 대형 취락

상류 취락

취락 사이에 사람과 물자를 두고 긴장이 고조되면서 전쟁이 발생함

 대립

제사장

신전에서 신에게 제사를 드리던 이들이 점차 취락의 지도자로 받들어짐

군인

취락 사이에 갈등이 빚어지면서 전투를 주관하는 이들의 지위가 상승함

주요 사건

약 20만 년 전
신인류 '호모 사피엔스'의 탄생

약 1만 1700년 전
농경의 시작

기원전 18세기경
고바빌로니아의 번영

기원전 16세기경
상(商)의 건국

메소포타미아에는 수많은 도시국가가 건국되었고,
이집트에는 파라오 중심의 통일국가가 수립되었다.

이집트

쿠푸

고왕국 최고 번영기였던 제4왕조의 파라오. 자신의 무덤으로 기자에 거대한 피라미드를 건설함

아크나톤

제18왕조의 파라오로, 태양신 '아톤'을 유일신으로 섬기는 종교개혁을 주도함

—부부—

네페르티티

아크나톤의 왕비로, 사실적이면서도 아름답게 채색된 석회석 흉상이 전해짐

부모자식

부모자식

투탕카멘

—부부—

딸

아몬신앙을 부활시킨 파라오. 1922년 황금 데스마스크가 발굴됨

아카드

사르곤

아카드인을 통솔해 메소포타미아를 널리 지배하면서 제국의 기틀을 닦음

고바빌로니아

함무라비

제6대 샤르. 남메소포타미아 일대를 지배하고, 『함무라비 법전』을 반포함

아시리아

아슈르바니팔

아시리아의 전성기를 이끈 샤르 샤라니. 최대 영토를 차지하는 한편 왕궁에 도서관을 설립함

아케메네스조 페르시아

다리우스 1세

제3대 샤한샤. 광대한 영토에 간선도로인 '페르시아 왕도'를 건설하고 중앙집권체제를 확립함

남아시아 인더스 강 유역에는 인더스 문명이, 동아시아 잉쯔 강
· 황허 강 유역에는 중국 문명이 형성되었다.

상(商)

탕왕

하(夏)의 '걸왕'을 무찌르고 상을 건국함

주왕

—부부—

상의 마지막 왕. 악정을 거듭해 실각함

달기

'주왕'의 왕비. 온갖 사치를 부림

공격

주(周)

태공망

'무왕'의 군사(軍師). 무왕과 함께 상을 공격함

주공 단

—형제—

'무왕'의 동생. 무왕의 아들인 '성왕'의 섭정

무왕

주의 시조. 상을 무찌르고 봉건제를 도입함

고대 인도 사회

브라만

바르나 제도

'브라만'을 정점으로 네 계급으로 구성된 신분제. 카스트 제도의 근원

독자여러분께

1

인류의 탄생과 고대의 왕국

도쿄대학 명예 교수 **하네다 마사시**

46억 년이라는 기나긴 지구의 역사 속에서 지금으로부터 약 700만 년 전, 처음으로 인류가 그 모습을 드러냈습니다. 그리고 다시 시간이 흘러 약 20만 년 전, 현생 인류의 직접 조상으로 여겨지는 '호모 사피엔스'가 아프리카에 출현했죠. 이윽고 그들의 자손은 아프리카 대륙을 벗어나 세계 각지로 뻗어 나갔습니다.

그 당시 인류의 생활 수단은 주로 '수렵'과 '채집'이었지만, 점차 '농경·목축'이라는 새로운 생활 수단을 도입하면서 취락과 도시에 모여 사는 '정착 생활'이 시작됐습니다. 이렇게 집단이 형성된 뒤 노동과 수확물을 관리하는 지도자의 힘이 강해졌고, 수확물의 많고 적음에 따라 '빈부격차'가 발생했습니다. 한편으로는 초자연적인 힘이 집단을 지켜줄 것이라고 믿어 신을 숭배하는 '신전'을 건설했죠.

대개 지도자는 '신관'이나 '왕'의 신분으로, 토지·재산을 목표로 집단을 통솔해 주변의 다른 집단과 경쟁하면서 지배 영역을 확대해 나갔습니다. 이 무렵 수자원이 풍족해 농사를 짓기에 적합한 커다란 강 주변에 살던 사람들은 대규모의 사회를 형성하기 시작했는데, 대표적으로 '메소포타미아, 이집트, 북인도, 중국'이 있습니다.

1권에는 각 문명이 형성되는 모습을 구체적으로 담았습니다. 고대 문명이 지닌 공통된 특징을 확인하고, 서로 다른 특징을 비교해보시기 바랍니다.

■ 이 도서의 원서는 일본 문부과학성이 발표한 '2008 개정 학습지도요령'의 이념, '살아가는 힘'을 기반으로 편집되었습니다. 다만 시대상을 반영하려는 저자의 의도적 표현을 제외하고, 역사적 토론이 필요한 표현은 대한민국 국내의 정서를 고려해 완곡하게 수정했습니다.

．．．．．．．．．．．．．．．．．．．．．．．．．．．．．．．．．

■ 인명 · 지명 · 사건명 등의 명칭은 대한민국 초 · 중 · 고등학교 교과서를 바탕으로 삼되, 여러 도서 · 학술정보를 참고해 상대적으로 친숙한 표현으로 표기했습니다.

．．．．．．．．．．．．．．．．．．．．．．．．．．．．．．．．．

■ 대체로 사실로 인정되는 역사를 기반으로 구성했습니다. 다만 정확한 기록이 남지 않은 등장인물의 경우, 만화라는 장르를 고려해 쉽고 재미있게 읽을 수 있도록 대화 · 배경 · 의복 등을 임의로 각색했습니다. 또 역사의 흐름을 이해하는 데 도움이 되도록 만화에 가공인물을 등장시켰습니다. 이러한 가공인물에는 별도로 각주를 달아 표기했습니다.

．．．．．．．．．．．．．．．．．．．．．．．．．．．．．．．．．

■ 연도는 서기로 표기했습니다. 사건의 발생 연도나 인물의 생몰년이 불분명한 경우에는 일반적으로 통용되는 시점을 채택했습니다. 또 인물의 나이는 앞서 통용된 시점을 기준으로 만 나이로 기재했습니다.

．．．．．．．．．．．．．．．．．．．．．．．．．．．．．．．．．

■ 인물의 나이는 맞춤법에 어긋나더라도 '프리드리히 1세'처럼 이름이 같은 군주의 순서 표기와 헷갈리지 않도록 '숫자 + 살'로 표기했습니다. 예컨대 '스무 살, 40세'는 '20살, 40살'로 표기했습니다.

기원전 25세기 전후의 세계

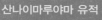

하네다 마사시 교수님

약 700만 년 전 지구에 출현한 인류는, '도구'와 '불'을 이용해 생활의 질을 높이고, '언어'로 정보를 전달했습니다. 이윽고 세계 각지에서 농경이 시작되고 문명이 형성되었습니다.

산나이마루야마 유적
(기원전 39세기~기원전 22세기경) **A**

굴립주 건물터[1], 움집터가 발견된 신석기 시대[2]의 취락. 많은 양의 토우가 출토됨

※1 땅을 파고 기둥을 박아 만든 건축물
※2 일본의 석기시대 분류로는 조몬 시대에 해당함

엘 파라이소 유적
(기원전 25세기~기원전 20세기경)

옥수수 등을 재배했던 신석기 시대의 도시로, 저장고 · 신전 등은 돌로 축조됨

인더스 문명의 인장
(기원전 26세기~기원전 18세기경)

인더스 문명에 속하는 도시들에서 출토되는 인장. 인더스 문자가 새겨져 있음

8

② '이집트, 메소포타미아, 인도, 중국'처럼 근처에 큰 강이 흐르는 지역은, 물을 쉽게 얻을 수 있어서 농사를 활발하게 지을 수 있었군요.

① 기원전 25세기경, 유라시아 대륙을 중심으로 세계 각지에서 문명이 번영했던 시기입니다.

④ 식량 생산량이 늘어나면서, 사람들의 생활이 풍족해졌고, 지도자가 나타났죠. 이윽고 취락은 도시국가로 성장하게 됩니다.

③ 권력자는 자신의 힘을 과시하기 위해 거대한 신전이나 피라미드를 지은 거네요.

우르의 깃발
(기원전 25세기경) **C**

수메르 문명의 도시국가인 '우르'에서 발굴된 미술 공예품

룽산 문화와 검은간무늬토기
(기원전 30세기~기원전 20세기경) **D**

양사오 문화[3] 이후, 황허 강 하류에서 발전한 후기 신석기 문화

※3 황허 강 중류에서 발전한 신석기 문화. 칠무늬토기로 유명함

기자의 3대 피라미드
(기원전 25세기경) **B**

이집트 고왕국 시기 기자에 만들어진 3개의 거대한 피라미드

◀ 다음 페이지에서 자세한 설명을 확인하세요

신석기 시대
대형 취락의 생활상

약 5900년~4200년 전 신석기 시대, 일본 아오모리 현 '산나이마루야마'의 한 취락이 번영했다. 이들은 밤ㆍ호두ㆍ토란ㆍ콩 등을 재배해 토기로 익혀 먹었는데, 이 풍부한 먹을거리가 오랜 정착 생활을 지탱했다. 또 함께 출토된 흑요석ㆍ비취로 보아 무역을 했던 것으로 추측된다.

피라미드 축조

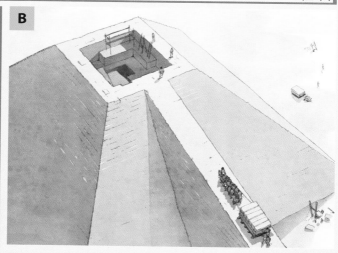

이집트 고왕국 시대 때 왕성하게 축조된 피라미드는 파라오와 왕비의 무덤인 동시에 강대한 권력의 증표로 여겨졌다. 대체로 나일 강이 범람해 농사를 짓지 못하는 시기에 농민들을 동원해 축조했는데, 이때 농민들은 파라오를 신으로 여기며 참여했다고 전해진다.

지구라트에서 제사를 지내는 신관들

C

수메르인은 메소포타미아 남부에 살던 민족으로, '우르, 우루크' 등의 도시국가를 형성했다. 이들은 도시 곳곳에 햇볕에 말린 흙벽돌을 쌓고 표면에는 구운 벽돌을 덮어 신전을 축조했는데, 먼저 계단 모양으로 지구라트(성탑)※를 쌓고 그 정상에 신전을 지은 다음 그곳에서 신을 모셨다.

※ 신전을 포함한 탑 전체를 지구라트로 보기도 함

검은간토기를 빚는 사람들

D

검은간토기는 룽산 문화를 대표하는 도자기로, 물레를 이용해 표면을 얇고 매끄럽게 빚어 굽는다. 마지막으로 구워낼 때 재가 침착돼 검은 광택을 띤다. 황허 강 하류를 중심으로 양쯔 강 중·하류, 산둥 반도 등 넓은 지역에서 출토되고 있다.

서아시아	남 · 북 · 동아시아	일본	
			구석기 시대
	자바 원인(原人)		
	베이징 원인(原人)		
	저우커우뎬 상동인(신인류)	조몬 시대 개막	조몬 시대
	신석기 문화 형성(황허 강 유역) 및 벼농사의 시작(양쯔 강 하류) (기원전 60세기경)	○ 줄무늬토기 사용 ○ 일본 열도의 형성	
	양사오 문화(기원전 50세기경) ○ 칠무늬토기 사용	산나이마루야마 취락 형성 (?~기원전 22세기경)	
수메르인의 도시국가 수립(기원전 30세기경) ○ 쐐기문자 사용 ○ 셈어계 · 이집트어계 민족 출현 ○ 인도 · 유럽어계 민족 출현	룽산 문화(기원전 30세기경) ○ 검은간무늬토기 사용		
	인더스 문명 번영기 (기원전 26세기경) ○ 고대도시 모헨조다로 · 하라파		
우르 제3왕조 번영기(기원전 21세기경)			
고바빌로니아 건국(기원전 19세기경) 👤 **함무라비** (기원전 1792~ 기원전 1750경) ○ 『함무라비법전』 반포 멸망(기원전 1595년경)	중국 고대왕조 형성기	후기 조몬 시대 (기원전 20세기경)	
	상(商) 건국(기원전 16세기경)		
	아리아인의 인도 침입 (기원전 1500년경)		
	멸망(기원전 11세기경)		
아시리아 👤 **아슈르바니팔** (기원전 668~ 기원전 627년경) ○ 오리엔트 통일 멸망 (기원전 612년경) → 4왕국 분립	**주(周)** 건국(기원전 11세기경) 👤 **무왕**(기원전 11세기경) ○ 봉건제 도입	말기 조몬 시대	
	바르나 제도 형성 (기원전 9세기경)	**메디아** 건국 (기원전 8세기 말) 멸망 (기원전 550년경)	주(周)의 동천 (기원전 770년경) 춘추 시대 개막 (기원전 770~기원전 403년경)
신바빌로니아 건국 (기원전 625년경) 멸망 (기원전 539년경)	**아케메네스조 페르시아** 건국(기원전 550년경) 오리엔트 통일 (기원전 525년경)		

■ : 나라 · 왕조　　붉은 글자 : 전투 · 전쟁　　■ : 조약 · 회의　　👤 : 주요 통치자(재위 · 재직 기간)

• 시간의 흐름에 따라 서술한 연표로, 생략된 시대 · 사건이 있습니다.

연대		남 · 북 아메리카	유럽	아프리카,
700만 년 전	구석기 시대			원시 인류의 출현 오스트랄로피테쿠스(猿人)
240만 년 전			드마니시 원인(原人)	호모 하빌리스(原人)　호모 에렉투스(原人) ○ 뗀석기 사용　○ 도구 제작　○ 불 사용
60만 년 전			네안데르탈인(구인류) ○ 매장 풍습 시작 ○ 격지석기 사용	
20만 년 전		○ 인류의 아메리카 　대륙 진출	크로마뇽인(신인류) ○ 동굴 벽화　○ 뼈도구 제작 ○ 활과 화살 발명	호모 사피엔스(현생 인류)
1만 년 전	신석기 시대	○ 호박, 표주박, 감자 　등의 농산물 재배 ○ 토기의 사용 　(기원전 40세기경)		○ 농경 · 목축의 시작(생산경제의 시작) ○ 간석기 · 토기의 사용 ○ 촌락 정착 　　　　　　○ 관개농업 · 　　　　　　　쟁기 사용
기원전 30세기	청동기 시대	엘 파라이소 신전 건립 (기원전 25세기경)	에게 문명 번영기 (기원전 30세기경)	**이집트** **고왕국** (기원전 27세기경 ~ 기원전 22세기경) ○ 피라미드 건설 **중왕국** 건국(기원전 2133년경)	○ 수공업 · 무역 　시작 ○ 청동기 · 문자 · 　신전 출현 ○ 도시 · 계급 성립 ○ 노예 계급 형성
기원전 20세기	철기 시대	올멕 문화 번영기 (기원전 12세기경)	크레타 문명 번영기 (기원전 20세기경) 미케네 문명 번영기 (기원전 16세기경)	멸망(기원전 18세기경) **신왕국** (기원전 1570~ 기원전 1070년경) 👤 **투트모세 3세** (기원전 1490~기원전 1424년경) 👤 **아크나톤** (기원전 1351~기원전 1334년경) 종교개혁 시행　　　　　**히타이트** 　　　　　　　　　　　건국 　　　　　　　　　　　(기원전 17세기경) 　　　　　　　　　　　　　페니키아 　　　　　　　　　　　　　해상 활동 　　　　　　　멸망　　개시 　　　　　　　(기원전　(기원전 　　　　　　　12세기 초)　12세기 말)
기원전 10세기			철기 보급(그리스) 그리스 지역 폴리스의 성립과 식민지 건설(기원전 8세기경)	**헤브라이** 왕정제 번영기 　　　↓ 분열 　　　(기원전 922년경) **유대**　　**이스라엘**　**루디아** 　　　　멸망　　　건국 　　　　(기원전 722년경)　(기원전 　　　　　　　　　　700년경)
기원전 6세기				멸망(기원전 586년) → 바빌론 유수 멸망(기원전 525년경)　멸망 　　　　　　　　　(기원전 　　　　　　　　　546년경)

░ 이 책에서 다루지 않는 역사　　☐ 2권에서 다루는 역사

인류의 탄생과 고대의 왕국
(700만 년 전 ~ 기원전 6세기)

목 차

• 직립보행과 도구의 사용
• 구인류와 신인류
• 라스코 동굴 벽화
• 정착의 시작

〈자켓 및 표지〉 곤도 가쓰야 (스튜디오 지브리)

글로벌한
관점으로
세계를
이해하자!

세계사 내비게이터
하네다 마사시 교수
일본판 도서를 감수한 도쿄대학의 명예 교수. 세계적인 역사학자로 유명함

〈일러스트〉 우에지 유호

그리고 마지막은 주(周)의 무왕 씨!

기원전 11세기경의 중국에서 왔습니다.

앗, 저는…

소승은 기원전 10세기경에 가장 높은 계급인 '브라만'으로 태어났소이다.

다음은 인도에서 오신 '브라만' 스님! 익명을 희망하셨죠?

하하, 고대인이라 하더라도 모두 다양한 시대에서 오셨군요.

내 승리는 이미 정해진 것이나 마찬가지!

즉 가장 발전한 문명의 인간이라는 뜻이다.

후훗, 이들 중에서는 내가 가장 아름답고 눈부시군.

참고로 사회자인 저는 1950년대생입니다.

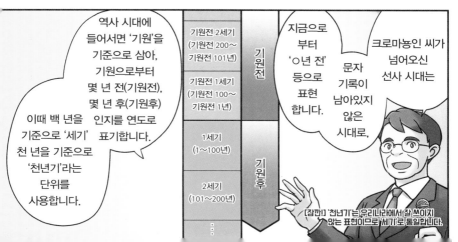

역사 시대에 들어서면 '기원'을 기준으로 삼아, 기원으로부터 몇 년 전(기원전), 몇 년 후(기원후) 인지를 연도로 표기합니다.

이때 백 년을 기준으로 '세기' 천 년을 기준으로 '천년기'라는 단위를 사용합니다.

	기원전
기원전 2세기 (기원전 200~ 기원전 101년)	
기원전 1세기 (기원전 100~ 기원전 1년)	

	기원후
1세기 (1~100년)	
2세기 (101~200년)	
⋮	

지금으로 부터 '○년 전' 등으로 표현 합니다.

문자 기록이 남아있지 않은 시대로,

크로마뇽인 씨가 넘어오신 선사 시대는

[잠깐!] '천년기'는 우리나라에서 잘 쓰이지 않는 표현이므로 '세기'로 통일합니다.

실제 탄신일과는 몇 년 정도 차이가 난다는 학설도 있지만요….

여기서 기원은 그리스도교의 종교 지도자인 '예수 그리스도'가 태어난 해입니다.

원래는 그리스도교를 믿는 국가들을 중심으로 사용했지만,

이것은 '서기(西紀)'라고 불리는 '햇수계산법 (기년법)'으로,

빙글

빙글

오늘날에는 전 세계적으로 통용되고 있답니다.

4		
3	기원전	
2		
1		
	기원	
1		
2	기원후	
3		
4		

자세히 살펴보면 기원 전후로 1년은 존재하지만, 0년은 존재하지 않습니다.

1번 문제!

자, 그럼 문제입니다!

이처럼 세상에는 다양한 기년법이 존재합니다.

이집트가 최고!

우리도 따로 있지!

오호~

헤…?

한편 무슬림들※은 이슬람교의 창시자인 '무함마드'가 메디나로 이주한 해를 기준으로 삼고, '이슬람력'이라는 기년법을 사용하고 있죠.

※ 이슬람교의 교리를 믿는 사람들

그렇다면 어느 나라를 기준으로 동쪽인 걸까요?

'오리엔트'는 '해가 뜨는 방향', '동방'이라는 뜻입니다.

로마!

팟

네, 아크나톤 씨!

정복한단 말이다....

잊을 수 없다. 로마 녀석들은 나중에 우리 이집트를

♪빰빠밤─

빠르다

또 일어 섰어

좋아!

오리엔트는 고대 로마어에서 비롯된 단어입니다!

정답 입니다!

우와~

이 그림문자는 무엇을 의미할까요?

자, 그럼 이어서 2번 문제 입니다!

흠?

응?

허.

음.

음?

※ 고졸문자(古拙文字). 쐐기문자의 원형으로 수메르인이 사용함

뭐라!?

그 결과, 크로마뇽인 씨가 3만 점을 득점합니다!

고대 이집트 인이다…

아이고… 이 사람 미라가 돼 버렸어.

말도 안 돼 !!

먼저 '인류의 탄생'부터 만나 보시죠.

살펴 보도록 할까요?

재밌게 보셨나요? 그럼 이제 시간을 거슬러 올라 인류가 어떻게 살아왔는지

46억 년이라는
지구의 역사 속에서,
최초의 인류가
등장한 시기는
지금으로부터
약 700만 년 전이다.

인류는 원인(猿人)※1・
원인(原人)※2・구인류 등
20종 이상의
인류를 거치면서

때로는
사라지거나,

※1 원숭이 인간, 유인원
형질을 지닌 인류를
의미함

※2 근원적인 인류, 현생
인류와는 다르지만
유사한 형질을 지닌
인류를 의미함

호모 사피엔스는
'슬기로운 사람'이라는 뜻으로,
생물분류상 현존하는
유일한 '인류'이다.

즉 오늘날을 살아가는
우리들이다.

아득히 먼 옛날부터 이어져온
이 진화의 길을 함께 따라가 보자.

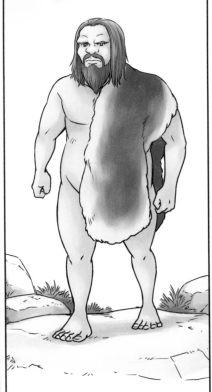

때로는
공존했다.

그렇게 약 20만 년 전, 현생 인류인
'호모 사피엔스'가 등장했다.

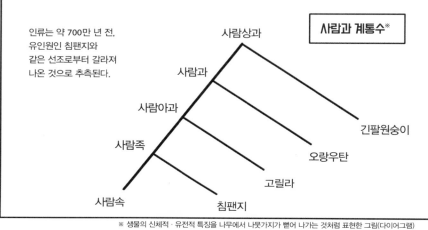

인류는 약 700만 년 전, 유인원인 침팬지와 같은 선조로부터 갈라져 나온 것으로 추측된다.

사람과 계통수※

사람상과
사람과
사람아과
사람족
사람속

긴팔원숭이
오랑우탄
고릴라
침팬지

※ 생물의 신체적·유전적 특징을 나무에서 나뭇가지가 뻗어 나가는 것처럼 표현한 그림(다이어그램)

인류의 선조인 유인원은 원숭이처럼 나무 위에서 살았다.

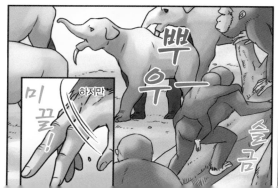

뿌우ー

하지만

미끌!

슬금

뿌ー

뿌우ー

어떤 계기로 '직립보행'을 시작했다.

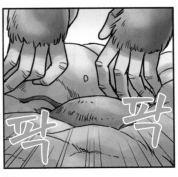

곧이어 유인원은 나무 아래에도 먹을 것이 있다는 사실을 깨달았다.

덥썩

짜!

안!

그들의 이름은 '투마이 원인', 여기서 '투마이'란 차드어로 '삶의 희망'이라는 뜻이다. 학명은 '사헬란트로푸스 차덴시스'이다.

초기 인류 '원인(猿人)'이 탄생하는 순간이었다!

차드공화국

두라브 사막

2001년 중앙 아프리카 차드공화국의 두라브 사막*에서 두개골이 발견돼 이러한 학명이 붙여졌는데,

※ 사하라 사막 남부

약 700만 년 전의 것으로, 현시점에서 가장 오래된 인류의 화석이다.

28

인류는 직립보행을 하면서부터
손을 자유롭게 사용할 수 있게 되었고

이윽고
약 600만 년 전
원인들은
숲을 벗어났다.

동료에게 위험을
알리기 위해서
도구를 사용하기
시작했을 것으로
추측된다.

탕 탕
탕
따악

또 직립보행 덕분에
점차 커져 가던 뇌가
척추로 지탱될 수
있었다.

타
닥
타 닥

흐무칫

에티오피아의 하다르 유적에서 발견된 '오스트랄로피테쿠스 아파렌시스(아파르 원인)'의 화석은 약 320만 년 전의 여성으로, '루시'라는 이름이 붙여졌다.

하다르 ◉
(아파르 분지)

올두바이 협곡 ◉

시간이 흐른 약 400만 년 전 '오스트랄로피테쿠스속'이 모습을 드러냈다.

원인(猿人)에게 초원에 사는 육식 동물들은 만만치 않은 존재였다.

이 무렵 인류에게는 아직 동물을 사냥할 힘이 없었다.

그렇기에 이들은 돌을 도구로 사용하고, 나무열매나 뿌리를 채집하며, 무리를 지어 생활했을 것으로 여겨진다.

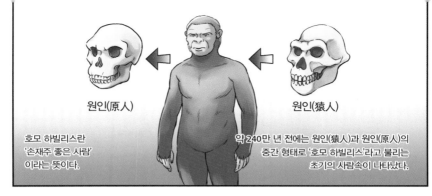

원인(原人)

원인(猿人)

호모 하빌리스란
'손재주 좋은 사람'
이라는 뜻이다.

약 240만 년 전에는 원인(猿人)과 원인(原人)의
중간 형태로 '호모 하빌리스'라고 불리는
초기의 사람속이 나타났다.

딱

딱

하지만 이때까지는
도마뱀 등을 잡아먹는
정도로, 검치호랑이나
하이에나 같은
육식동물이 남긴 것을
뒤지는 수준이었다.

꿀떡
꿀떡

탕!

탕!!

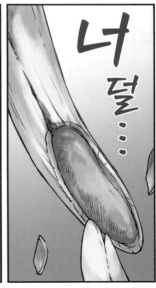

너
덜...

처음에 이들은 눈에 띄는
돌을 닥치는 대로
사용했지만,

우물

우물

손재주 좋은 개체가
돌을 단순하게 가공하면서
석기가 만들어지기 시작했다.

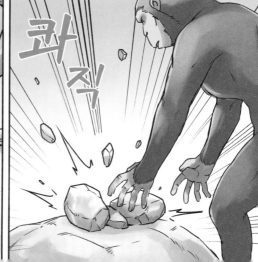

콰
직

이렇게 돌의 한 면에
날을 세운 석기를 가리켜
'찍개'라고 한다.

석
석
석
식
호모 하빌리스는
몸돌석기를 이용해
나무열매를 쪼개는
식으로

흡

곽

식량을 얻었을 것으로
추정된다.

이렇게 돌을 깨뜨려 만든
석기를 '뗀석기'라고 하며,
그중에서도 돌의 원래
형태를 거의 바꾸지 않고,
약간의 가공만 거친 석기를
'몸돌석기'라고 한다.

뗀석기는 탄자니아의 올두바이 계곡에서
처음으로 발견돼 '올도완 석기'라고도 불린다.

이내 원인(猿人)은
석기를 다양한 상황에 맞춰
도구로 사용할 수 있음을 깨달았다.

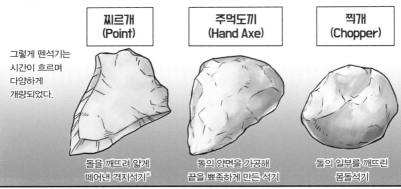

그렇게 뗀석기는
시간이 흐르며
다양하게
개량되었다.

찌르개 (Point)

돌을 깨뜨려 얇게
떼어낸 격지석기※

주먹도끼 (Hand Axe)

돌의 양면을 가공해
끝을 뾰족하게 만든 석기

찍개 (Chopper)

돌의 일부를 깨뜨린
몸돌석기

※ 몸돌을 깨뜨린 조각(=격지)으로 만든 석기

인류가 뗀석기를 사용해
야생 식물을 채집하고,
다른 동물이 남긴
고기를 뒤지거나,
동물을 사냥했던 시기를

'구석기 시대'
라고 한다.

석기를 이용해 쉽게
식량을 얻을 수 있게 된
인류는 제대로 된
음식을 찾기 시작했다.

이로 인해
영양 상태가 좋아져
뇌가 커졌다는
학설도 있다.

굵실

와구 와구

굵실

주로 먹었던 것은
흰개미나 메뚜기
등의 곤충으로,

호모 에렉투스

오스트랄로피테쿠스

이들은 '원인(原人)'
이라고도 불리며,
큰 개체의 경우
키가 180 cm에 달해
현대인에 가까운
체격이었을 것으로
추측된다.

다시 시간은 흘러
약 200만 년 전,

'호모 에렉투스'가
그 모습을 드러냈다.
호모 에렉투스란
'직립한 사람'이라는
뜻이다.

이들은 뇌가 상당히 커졌지만, 이들의 아이는 여전히 뇌가 작은 채로 태어났기 때문에

그만큼 아이가 성장할 때까지 양육해야 하는 기간이 길어졌다.

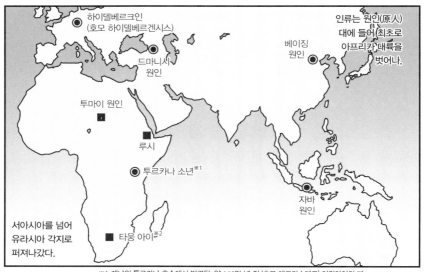

하이델베르크인
(호모 하이델베르겐시스)

드마니시 원인

베이징 원인

인류는 원인(原人) 대에 들어 최초로 아프리카 대륙을 벗어나,

투마이 원인

루시

투르카나 소년※1

자바 원인

서아시아를 넘어 유라시아 각지로 퍼져나갔다.

타웅 아이※2

※1 케냐의 투르카나 호수에서 발견된, 약 160만 년 전 '호모 에르가스테르' 어린아이의 뼈

※2 남아프리카공화국의 타웅에서 발견된, 약 280만 년 전 '오스트랄로피테쿠스 아프리카누스' 어린아이의 뼈

오—!!

한편 20세기부터 시작된 조지아의 드마니시 유적 조사 작업에서 '드마니시 원인'의 뼈가 발견되었는데,

우
워

이들에게 가족들의 돌봄과 연대, 배려가 있었음을 짐작할 수 있다.

치아가 빠진 성인이 수년간 살아있었다는 사실이 밝혀졌다.

180만 년 전의 식량은 대체로 생고기 등의 상당히 질긴 음식 이었다는 점으로 미루어 볼 때,

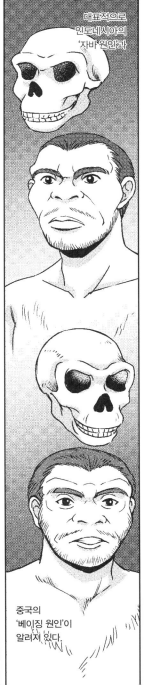

대표적으로 인도네시아의 '자바 원인'과

중국의 '베이징 원인'이 알려져 있다.

○ 이스라엘

이스라엘의
게셰르 베노트 야코브
유적에서는,

원인(原人)들이 모닥불을 사용한
흔적이 발견돼 그들의 생활상을
엿볼 수 있다.

너무 질겨
포기하는
경우가 있었다.

육식동물이
남긴 생고기를
먹고는 했지만,

이 유적이 생기기
약 100만 년 전부터
돌을 여러 각도로 가공한
주먹도끼를 이용해

화ㄹㅡ르ㄹㅡ륵

낙뢰·산불 등의
우연한 계기로

그러던
어느 날…

쾅
…

우르릉
…

!!

화
륵

바스락
바스락

인류는 새로운 '도구'를
손에 넣은 것으로
추측된다.

우
득

덥
썩

음~!!

씹을 수 없을 정도로
질겼던 생고기가
불에 익으면서
먹을 수 있을 만큼
부드러워진 것이다.

우
물

우
물

그것은 바로
'불'이었다.

인류는 이런 계기를 통해
고기를 조리하는 방법을
습득했다고 여겨진다.

치이익〜…

화악―

오
옷

깜
짝

타
딱

타
딱

휙

불이 도움이 되는 것은
조리뿐만이 아니었다.

휘
이
이
잉

불은 인류에게 빛과 따뜻함을 선물했고,

불을 손에 넣은 인류는 어두운 동굴에서도 거주할 수 있게 되었다.

또 불은 인류를 흉포한 육식동물로부터 지켜주었다.

이윽고 인류는 석기를 가공하다가 부싯돌*을 발견해, 언제든 불을 지필 수 있게 된 것으로 추측된다.

딱

딱

화르륵

후— 후—

※ 영명은 플린트(Flint). 석영으로 이루어진 치밀하고 단단한 돌로 황철석·철과 부딪히면 불꽃이 튐

또 모닥불 터에는 불에 탄 야생 올리브나무, 야생 포도나무, 야생 보리, 풀 등이 발견되었다.

게셰르 베노트 야코브 유적에서는 약 79만 년 전에 모닥불을 피운 흔적과 불에 탄 플린트 석기가 발굴되었다.

주위에서 발견된 생나무는 장작으로 사용하기 위해 보관했던 것으로 추정된다.

그러던
약 60만 년 전,
'구인류'가
출현했다.

대표적으로는 유럽과
서아시아, 중앙아시아
등지에 거주했던
'네안데르탈인'이 있다.

이들의 화석이
독일의 네안데르 계곡[※1]에서 발견돼
'호모 사피엔스 네안데르탈렌시스'라는
학명이 붙여졌다.

※1 독일어로 '계곡'을 'Thal'이라고 부름

구인류의
석기 제작술은
원인(原人)에 비해
상당히 발전해서
돌을 깨뜨리고
격지를 가공해

찌르개나
긁개 등을
만들었다.

긁개

찌르개

우 오 오 오 오

이렇게 만든 찌르개는
나무 봉 끝에 고정시켜
창으로 사용했다.

그리고 마침내 약 20만 년 전, 현대인의 직접 조상인 신인류 (현생 인류)

'호모 사피엔스'[2]가 아프리카에 등장 했다.

※ 2 생물학적으로 네안데르탈인과 거의 유사한 종이지만, 아종 수준의 차이가 있음

크로마뇽인

저우커우뎬 상동인

약 12만 년 전부터 9만 년 전 즈음에 신인류는 아프리카를 벗어나 세계 각지로 서서히 퍼져나갔다.

이 무렵은 빙기가 끊어졌다 이어졌다 하던 시기로 지금보다 해수면이 낮아 대륙 사이에 연결된 지역이 있었기 때문에

신인류는 아프리카에서 서아시아를 경유해 유라시아와 오스트레일리아 각지로 뻗어 나갈 수 있었다.

최근의 연구에서는
같은 선조를 둔
네안데르탈인(구인류)과
호모 사피엔스(신인류)가
수천 년간 공존했다는
사실이 밝혀졌다.

4만 5000년 전
유럽의 어느 삼림지대

이거?
신기해?

그

거.

꺅
끄륵

끄륵

아하하
하

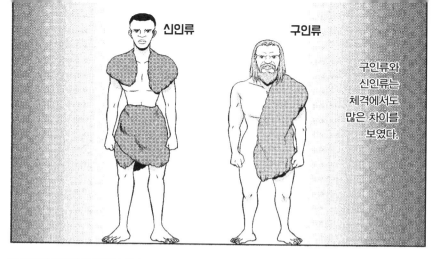

신인류

구인류

구인류와
신인류는
체격에서도
많은 차이를
보였다.

오 오—!

구인류는 그들의
다부진 체격을 살려
긴 자루가 달린
창과 곤봉을 이용해

도전하듯 커다란
동물을 사냥했다.

퍼

억

또 원인(原人)보다
지성이 발달한
구인류는 동료라는
추상적인 개념을
이해해서

죽은 자를
매장하는 등
정신문화를
발전시켰다.

이라크의 샤니다르 동굴*에 매장된
네안데르탈인의 유골 옆에서 많은 양의
수레국화 꽃가루가 검출되었는데.

이로 미루어 보아 죽은 자에게
꽃을 바쳤을 가능성이
제기되고 있다.

※쿠르디스탄 바라도스트 산맥 부근

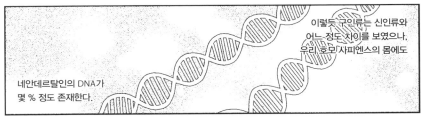

이렇듯 구인류는 신인류와
어느 정도 차이를 보였으나.
우리 호모 사피엔스의 몸에도

네안데르탈인의 DNA가
몇 % 정도 존재한다.

그에 비해 신인류는 구인류만큼 다부진 체격은 아니었지만, 키가 크고 팔다리가 길었다.

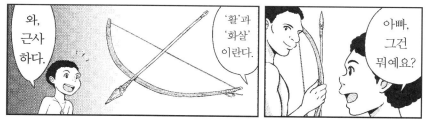

와, 근사하다.

'활'과 '화살'이란다.

아빠, 그건 뭐예요?

으쌰.

이들은 창을 던지거나, 화살을 쏘는 등 먼 거리에서 사용하는 도구를 이용해

와~!

먼 곳에서 사냥감을 맞히면 안전하게 사냥할 수 있어.

팽팽...

푸

욱

다양한 동물을 솜씨 좋게 잡았다.

이들은 뼈를 가공해
작살이나 낚싯바늘
같은 도구를 만들어
물고기를 잡았고,

또 신인류는
물고기를
잡는 기술도
뛰어났는데,

이로써 식생활은
더욱 풍요로워졌다.

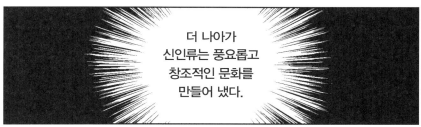

더 나아가
신인류는 풍요롭고
창조적인 문화를
만들어 냈다.

프랑스의 라스코 동굴에는
약 1만 9000년 전에 그려진
벽화가 있다.

인류가 이런 다양한 예술 작품을 본격적으로
만들기 시작한 시점은, 후기 구석기 시대
(약 5만 년 전)를 지나면서부터로 보인다.

인류는 이 무렵부터
자신들에게 주어진
가혹한 운명을 그저
받아들이는 것이 아니라,
자신들의 행동으로
역경을 극복할 수 있다고
여겼는지도 모른다.

이러한 벽화는 동물의
생명을 취해 살아가는
삶에 대한 감사와
성공적인 사냥을
기원하며 그린 것으로
여겨진다.

50

후기 구석기 시대의
동굴 벽화는
스페인의 '알타미라 동굴'
프랑스의 '라스코 동굴'을
포함해 대략 350개 정도로
추정된다.

몽티냑
(라스코 동굴)

산티야나 델 마르
(알타미라 동굴)

지중해

벽화에는 말, 오록스※
큰뿔사슴, 들소 등의
커다란 동물들이

마치 살아 숨쉬는 것처럼
그려져 있다.

※17세기에 멸종한 소의 일종

올해도 풍요롭고, 많은 아이들이 태어나길 빌어야지.

신인류는 벽화에서 그치지 않고

점토로 모양을 빚고 구워내서 토우※ 등의 예술 작품을 만들었다.

좋아, 이제 구워볼까?

매머드의 상아나, 돌 등에 사람의 형상을 조각하거나

※ 사람이나 동물의 형상을 담아 빚어낸 흙인형

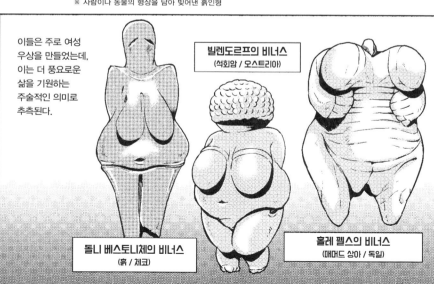

이들은 주로 여성 우상을 만들었는데, 이는 더 풍요로운 삶을 기원하는 주술적인 의미로 추측된다.

빌렌도르프의 비너스
(석회암 / 오스트리아)

돌니 베스토니체의 비너스
(흙 / 체코)

홀레 펠스의 비너스
(매머드 상아 / 독일)

한편 이 즈음 마지막 빙기가 찾아오면서, 오랜 시간에 걸쳐 지구의 온도가 서서히 낮아지기 시작했다.

휘 이 이 이

엄마!

타 딱

타 딱

울지 마라!

하 아 아

하 아 아

겨울이 혹독한 이 땅에서는 매년 몇 명씩 죽어 나간다. 우리 집만의 일이 아니야!

으 아 앙—

싫어! 엄마!

그저 받아들이는 수밖에 없다. 그것이 이 땅에서 살아가는 자들의 숙명이야!

그럴 수가 ....

....

작은 놈의 열이 내리질 않아…

휘이이이잉

오늘도 눈보라가 치는구나 ….

휘이이이잉

그렇지만 이 거센 눈발을 헤치고 나갈 수는 없어….

큰일이야. 이제 곧 먹을 것도 떨어질 거야.

우리도 온몸이 털로 뒤덮여 있다면,

털이 자라나게 할 수만 있다면….

어째서 우리에겐 저 녀석들처럼 털가죽이 없을까?

날씨가 추웠다 따뜻해졌다
급격하게 기후가 뒤바뀌는 이 시기에

반면 환경의
변화를 버티지
못한 이들도
있었다.

유럽에서 호모 사피엔스와
수천 년간 공존하던 네안데르탈인은
그 인구가 서서히 줄어들어 가고 있었다.

이 동굴의 바닥에는
네안데르탈인이 남긴
것으로 추정되는
정체불명의 선이
새겨져 있다.

이베리아 반도
남단 지브롤터의
고램 동굴군이
이들의 최후의
거처로 여겨진다.

지브롤터

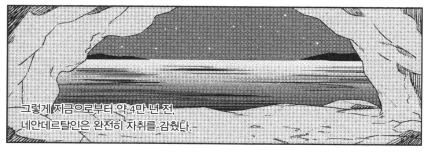

그렇게 지금으로부터 약 4만 년 전
네안데르탈인은 완전히 자취를 감췄다.

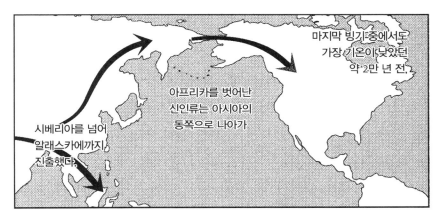

약 1만 5000년 전부터
기원전 30세기까지
아메리카 여기저기로
빠르게 퍼져나갔다.

대륙의
끝…?

여기는
…?

약 1만 5000년 전,
빙기가 끝나고
기후가 점차
따뜻해지면서

매머드처럼 추위에 적응해 진화한 커다란 동물들이 자취를 감춰갔다.

안 보이네?

얼어붙은 땅이 녹아 숲과 초원이 늘어났고,

신인류는 들소나 멧돼지를 사냥하고 덫을 이용해 산토끼를 잡았으며 물고기를 낚았다.

이 열매 맛있어요.

또 야생 곡류·콩류와 과일·견과류 등을 더 본격적으로 채집하기 시작했다.

정확하게 계산할 수는 없지만, 이 시기 지구의 인구는 대략 1천만~2천만 명 사이였던 것으로 추측된다.

채집과 수렵을 위해 한 집단이 정착했다.

약 1만 4600년 전, 서아시아 지역에

서아시아 아인 말라하※

※ 오늘날 이스라엘 북부

바
스
락

당분간 늑대에게 방해받지 않고 사냥하겠어.

좋아. 절반은 도망쳤지만, 이 정도면 충분하겠지.

이 무렵 인류는 동물과 새로운 관계를 맺었다.

아빠, 저기 새끼 늑대가 남아 있어요.

늑대는 태생적으로 우두머리를 중심으로 무리를 이루는 습성이 있어서

자, 가져와!

이제 사냥하러 가자!

이 녀석 정말 머리가 좋아.

인간을 우두머리로 여겨 길들일 수 있었던 것으로 보인다.

대단하다!

잘했어. 너 참 똑똑하구나.

방해만 되지 않겠어?

뭐, 지켜보세요.

뭐야, 그 녀석도 데려가려는 거냐?

너도 간다고?

응?

네~!

멍!

멍!

잘 했어!

이야 대단한데?

이 녀석 도움이 되는 걸?

이렇게 인간에게 도움이 된다는 사실이 증명되자

그들의 후손은 인류가 처음으로 가축화한 동물, '개'가 되었다.

늑대는 사냥의 동료로서 길들여지기 시작했고,

이윽고 토기가 발명 되자, 이것을 계기로 치즈 등의 유제품이 만들어졌고, 귀중한 보존식품으로 받아 들여졌다.

털로 옷을 만들 수 있어.

치즈 맛있 다.

오물

오물

오물

잡아먹는 것 말고도 동물에게 다양한 활용법이 있다는 걸 깨달은 인류는 이후로 여러 가능성을 모색했다.

고기는 맛있어.

덥썩

앞으로 조금 남은 것 같네.

아~.

가장 잘 여무는 때를 알고 있으면 많이 수확할 수 있잖아?

보리를 언제 수확하면 좋을지 관찰하고 있어.

이 무렵에는 식량 중에서도 특히 보리류의 비중이 높았다.

매일 여기 와서 뭘 그렇게 열심히 확인하는 거야?

멍!

저기, 잠시만요.

응?

자, 그럼 이제 슬슬 보리를 수확해 볼까?

사박

사박

늘 함께 로구나.

앗, 왜 그래?

멍!

67

하하하···

괜찮으시면 같이 수확 하시겠어요?

20년 뒤,
이 집단의 정착 생활은 서서히 안정되어갔다.

이제 가젤 털가죽을 입지 않아도 괜찮은 날씨네.

그러게.

※ 유전에서 생성되는 천연 아스팔트. 접착력이 강하고 물과 섞이지 않아 주로 접착제로 사용됨

이봐!
수확용 낫이 완성됐어!

먼저 붉은사슴 뿔에 작은 날을 끼운 다음,

역청※을 발라 단단하게 고정시키면 … 자, 됐다.

원인(猿人)의 출현부터
인류가 문자를 발명해
역사를 기록으로
남기게 되기까지의
기나긴 시간을

'선사 시대'라고 부른다.

인류의 역사는
99.9% 이상이
이 선사 시대에
해당한다.

바로 이 지점부터
인류의 역사가
시작되는 것이다.

끊어졌다 이어졌다 하던
빙기가 완전히 끝나고

기후가 따뜻해져
인류가 생존하기 용이한
생활환경이 조성되면서

그러다 이러한
환경 속에서도
취락의 인구가 늘거나,
일시적으로 추워진
기후의 영향 등으로 인해

인류는 물가처럼 식량을
손쉽게 얻을 수 있는
지역을 중심으로
취락을 만들고

집단을 형성해
정착생활을
시작하게 되었다.

채집과 수렵으로
얻은 식량만으로는
부족한 상황이
벌어졌다.

그렇기에 인류는 그때껏 자연에 완전히 의존했던 식량을 스스로 생산해내는 획기적인 변화를 이룩했다.

바로 '농경'과 '목축'의 시작이었다.

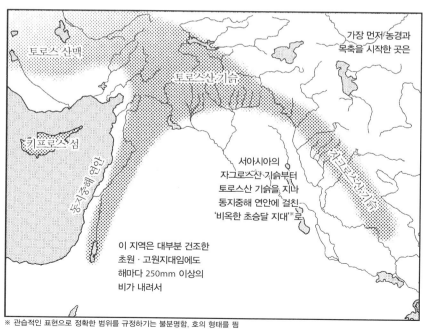

가장 먼저 농경과 목축을 시작한 곳은

토로스 산맥

토로스산 기슭

키프로스 섬

동지중해 연안

자그로스산 기슭

서아시아의 자그로스산 기슭부터 토로스산 기슭을 지나 동지중해 연안에 걸친 '비옥한 초승달 지대'*로

이 지역은 대부분 건조한 초원 · 고원지대임에도 해마다 250mm 이상의 비가 내려서

※ 관습적인 표현으로 정확한 범위를 규정하기는 불분명함. 호의 형태를 띰

74

다양한 식물이 자랐으며
특히 보리류가 풍부했다.

약 1만 1700년 전부터
보리류 농사를 시도했던
것으로 보인다.

그중에서도 동지중해 연안
지역이나 토로스산 기슭,
자그로스산 기슭 주변에서는

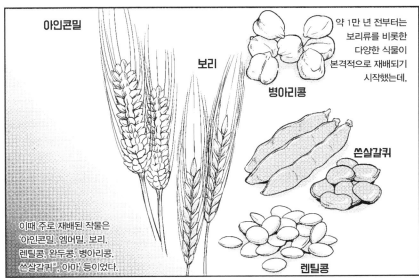

아인콘밀

보리

병아리콩

약 1만 년 전부터는
보리류를 비롯한
다양한 식물이
본격적으로 재배되기
시작했는데,

쓴살갈퀴

렌틸콩

이때 주로 재배된 작물은
'아인콘밀, 엠머밀, 보리,
렌틸콩, 완두콩, 병아리콩,
쓴살갈퀴*, 아마' 등이었다.

※ 누에콩과 유사하게 생긴 콩과 식물. 살갈퀴의 일종

이를 본 인류는 수확의 효율을 높이고자 이 변종을 선택해 심었고 오랜 시간에 걸쳐 품종을 개량한 결과.

좋아, 다음에는 이쪽 씨앗만 심자.

이쪽 이삭은 아직 낟알이 많이 달려 있군.

야생 보리류는 여물었을 때 낟알이 떨어지는 특성이 있지만, 개중에는 완전히 여물었는데도 이삭에 낟알이 달려 있는 변종이 있다.

숭숭~

묵직

아빠~!

재배종이 만들어진 것으로 추정된다.

꾸욱

꾸욱

보리를요?

낟알이 많이 달린 보리를 심어둔 곳을 표시하는 거란다.

아까워라.

어라? 왜 땅바닥에 돌을 놓고 계세요?

들소

멧돼지

뒤이어 들소와
멧돼지※도 가축으로
길러졌다.

※ 지금의 돼지는 멧돼지를 길들여 가축화시킨 동물

비슷한 시기
이집트에도
서아시아의 작물이
전해졌다.

감사
합니다.

자,
여기요.

이집트에서
소를 가축으로
기르게 된 계기는
서아시아로부터
전해졌다는 설과,

북아프리카에서 독자적으로
가축화시켰다는 설이
존재한다.

이윽고 서아시아가 아닌
세계 각지에서도 농경과
목축이 시작되었다.

'조'랑
'수수'
야.

'벼'야.

늦어도 기원전 80세기경부터
중국 대륙의 황허 강 유역에서는
'조'와 '수수'를,

양쯔 강 유역에서는 '벼'를
재배했던 것으로 보인다.

중앙아메리카에서도
약 1만 년 전부터
작물을 재배하기
시작했다.

다만 서아시아 등지와 달리
이곳 사람들은 정착하지 않고
계절에 따라 이동하면서,
이동한 장소에서 작물을
재배했다.

멕시코 오악사카 중앙 계곡
구일라 나퀴츠 동굴 주변

지금
이렇게
심어두면,

표주박

호박

다시 올
무렵에는
열매가
맺혀있을
거다.

약 1만 년 전부터는
'호박'을, 약 9000년
전부터는 '표주박'을
함께 재배했다.

굉장
하다!

큰일이 아닌가!

이대로면 먹을거리가 부족해질 거요.

다 같이 의논해 보세!

올해는 호박이 잘 자라지 않는군.

흙 속에서 자라는 뿌리 말인가?

그건 시원한 기후가 아니면 자라지 않는다고 하네.

아무래도 이 근방에서는 어려울 거야. 어떻게 해야 하나….

남쪽 산 너머에서 자라는 돌 모양의 작물….

그렇지, 장로님! 그건요?

이 작은 이삭의 품종을 계속 개량해 만들어낸 농작물이 바로 '옥수수'다.

메마른 땅에서도 열매를 맺는다고 들었습니다.

이건 어떻습니까, 장로님.

기를 수 있는지 시험해 보자고. 취락 사람들에게도 전해주게.

좋네. 이걸 다른 작물과 함께 심어서

열매는 작지만… 그것만으로도 다행인가.

예!

어른들은 밭으로 옮겨 심읍시다.

고맙구나. 이삭을 바구니에 담아다오.

아버지, 도와드릴게요.

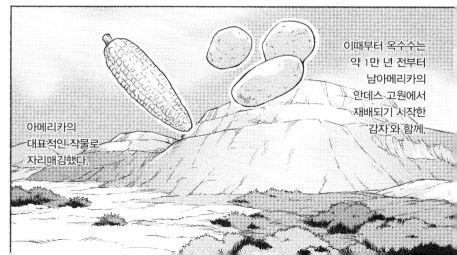

이때부터 옥수수는 약 1만 년 전부터 남아메리카의 안데스 고원에서 재배되기 시작한 '감자'와 함께,

아메리카의 대표적인 작물로 자리매김했다.

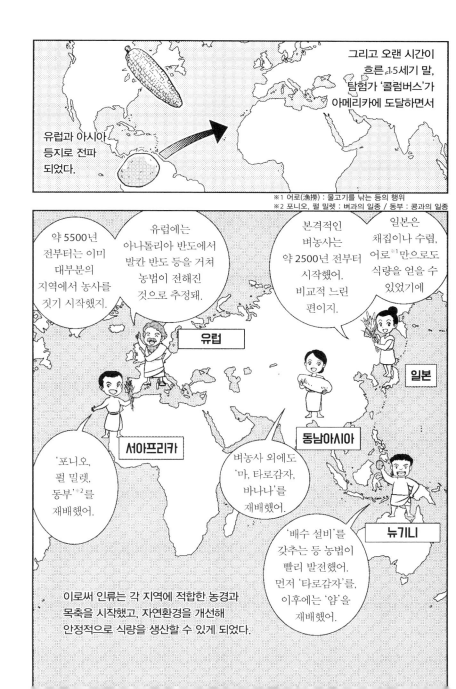

서아시아에서는 식량 사정이 안정되자

취락에 거주하는 인구가 비약적으로 늘어났다.

서아시아 예리코※

※ 오늘날 팔레스타인 서안 지구 예리코 일대

이 지역은 기후가 불안정해 갑작스러운 폭우로 종종 홍수가 났기 때문에

사람들은 돌을 쌓아 홍수에 대비하는 등 서로 협력해 자연재해를 대비했다.

아빠와 아저씨들이 만든 돌담 덕분에 침수되지 않았어요!

나중에는 모양틀에 형태를 잡고 햇볕에 말린 흙벽돌을 쌓아 지었지만

당시의 집은 흙이 주원료로, 보릿짚과 모래 등을 섞어 벽을 세웠다.

원료가 흙인 것은 마찬가지라 폭우와 같은 물난리에는 취약했다.

작물의 수확량이 안정되고 가축을 기르게 되면서, 원형이었던 집터는 서서히 직사각형으로 변화해갔다.

또 주거 공간을 방·안뜰·저장고·축사 등으로 구분해 생활했다.

정말 다행이예요.

휴~ 집을 다시 지어야 할까봐 조마조마 했다고.

이 무렵에는 돌을 부숴 만들던 석기 제작술이 한층 발전해,

야호~!

정말 다행이야. 오늘은 특별히 빵을 잔뜩 굽자꾸나.

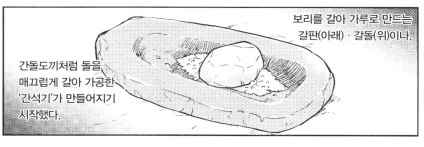

보리를 갈아 가루로 만드는 갈판(아래)·갈돌(위)이나,

간돌도끼처럼 돌을 매끄럽게 갈아 가공한 '간석기'가 만들어지기 시작했다.

이때의 빵은 보릿가루에 물을 섞어 반죽한 뒤 구운 형태였는데,

발효빵

나는 부풀어 올라.

무발효빵

나는 발효 되지 않아서 부풀지 않아.

이후로 효모를 이용한 발효법을 터득하면서 오늘날과 같이 부풀어 오른 빵을 만들기 시작했다.

이 무렵 서아시아에서는 주로 석기를 사용했지만, 이윽고 새로운 도구를 만들기 시작했다.

'토기'의 등장이었다.

이렇듯 인류가 자체적으로 식량을 생산하고 간석기를 만들던 이 시기를 '신석기 시대'라고 한다.

흙을 빚어서 그릇을 만들자!

그렇지!

!

그러게. 그리고 보관해둔 음식이나, 상하기 직전인 식재료를 맛있게 먹을 수 있는 방법이 있으면 좋겠어.

낟알을 삼베 자루에 보관하니까 자꾸 벌레나 작은 동물들이 훔쳐 먹어서 곤란하네.

※ 정제되지 않은 흙으로 빚어낸 토기

약 9000년 전부터 음식을 만들거나 보관할 목적으로 반구 형태의 '조질토기'[※]가 제작되다가

하수나 새김무늬토기

이른민무늬토기

시간이 흐르면서 검은색·붉은색 안료를 발라 구운 '칠무늬토기'가 나타났다.

우바이드 칠무늬토기

할라프 이중칠무늬토기

아나톨리아 칠무늬토기

중국-장시 성*의
센런둥 유적에서는
약 2만 년 전의 토기
파편이 발견되었다.

오다이야마모토 유적

역사적으로 토기는
서아시아보다 동아시아에서
먼저 제작된 것으로 추정된다.

일본의 아오모리 현
오다이야마모토 유적에서는
약 1만 6500년 전의 토기 파편이,

센런둥 유적

※ 중국 양쯔 강 중하류 남쪽 강변에 위치한 지역

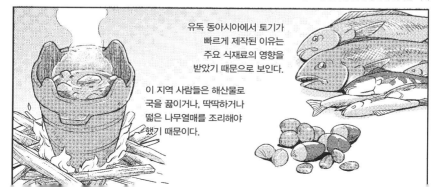

유독 동아시아에서 토기가
빠르게 제작된 이유는
주요 식재료의 영향을
받았기 때문으로 보인다.

이 지역 사람들은 해산물로
국을 끓이거나, 딱딱하거나
떫은 나무열매를 조리해야
했기 때문이다.

한편 서아시아에서는
식량을 생산하면서
부족한 기억력을
보조하는 도구가
사용되기 시작했다.

'토큰'이라고
불리는 이 도구는
1~3cm 크기의
점토와 돌멩이였다.

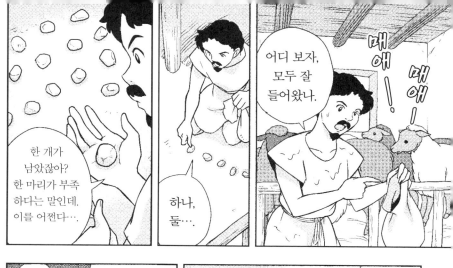

한 개가
남았잖아?
한 마리가 부족
하다는 말인데.
이를 어쩐다…

하나,
둘….

어디 보자,
모두 잘
들어왔나.

매
애
!

매
애
!

다행
이다.

집에 오는 길에
혼자 있는 걸
발견했단다.

매
애
애
~

어머니!

혹시 이
새끼 양을
찾니?

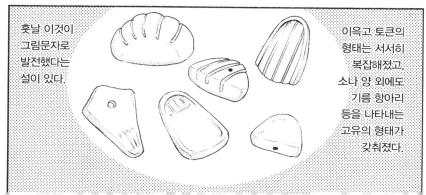

훗날 이것이
그림문자로
발전했다는
설이 있다.

이윽고 토큰의
형태는 서서히
복잡해졌고,
소나 양 외에도
기름 항아리
등을 나타내는
고유의 형태가
갖춰졌다.

메소포타미아 주변의 취락에서는 산기슭에서 채굴한 구리·납을 재료로

'야금술'※이 발전하기 시작했다.

한편 후기 신석기 시대에 이르러

※ 금속의 원석을 정제하는 정련기술

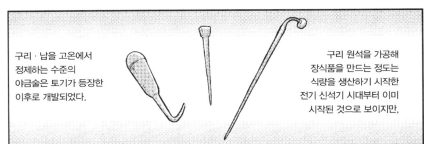

구리·납을 고온에서 정제하는 수준의 야금술은 토기가 등장한 이후로 개발되었다.

구리 원석을 가공해 장식품을 만드는 정도는 식량을 생산하기 시작한 전기 신석기 시대부터 이미 시작된 것으로 보이지만,

어쩌지, 여보. 내가 좋아하는 팔찌의 구슬이 깨져버렸어.

어머나.

서아시아에서는 약 8000년 전부터 구리 도구와 납 장식품 등을 만들었는데…

구리로 송곳을!?

저도 보고 싶어요!

괜찮아, 여보. 이참에 구슬을 새 걸로 바꾸자.

먼저 구리 송곳부터 만들어야겠네.

송곳·못 등의 공구류나,

머리핀 등의 장식품을 만들기 시작한 것으로 보인다.

기원전 60세기 중반에 들어서면서

땔감으로 잡목이나 말린 소똥 덩어리를 넣은 다음,

풀무로 바람을 불어 넣어 화력을 키워야 해.

먼저 광석을 도가니에 넣고 달구는 거야.

※ 고체가 녹으면서 액체가 되기 시작하는 온도

당시 사람들은 아직 철광석이 무엇인지 알지 못해서 도가니에 넣어 구리의 '녹는점*'을 낮추는 용도로 사용했던 것으로 보인다.

보글

보글

보글

참방

이 돌을 넣으면 구리가 더 잘 녹는단다.

그건 뭐예요?

92

흔히 강철이라 불리는 '철기'는 더 시간이 흐르고 나서야 등장했다.

이 무렵의 용광로는 아직 철을 녹일 정도로 화력이 세지는 않아서,

네!

구리가 식어 완전히 굳을 때까지 기다리면 된단다.

송곳 모양의 거푸집에 흘러 넣은 다음,

이렇게 광석을 녹여서 순도 높은 구리를 뽑아내고,

좋아, 완성!

와아!

이제 엄마에게 선물할 구슬을 만들 수 있겠어.

어머나, 정말 예쁘다! 고마워, 기뻐!

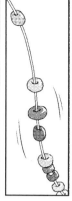

구리 송곳으로 구멍을 뚫어서….

지난 번에 주운 예쁜 돌멩이에,

아니뭘~ 하 하 하

아니뭐~

소중히 간직할게.

이처럼 구리로 생활도구를 만들기 시작한 시기를 '동기 시대'라고 부른다.

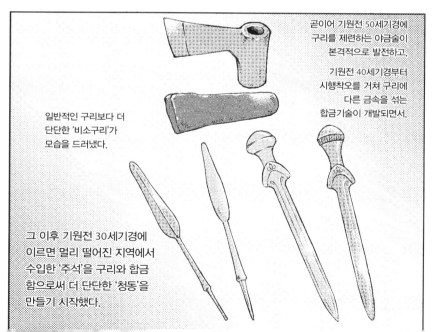

곧이어 기원전 50세기경에 구리를 제련하는 야금술이 본격적으로 발전하고,

기원전 40세기경부터 시행착오를 거쳐 구리에 다른 금속을 섞는 합금기술이 개발되면서,

일반적인 구리보다 더 단단한 '비소구리'가 모습을 드러냈다.

그 이후 기원전 30세기경에 이르면 멀리 떨어진 지역에서 수입한 '주석'을 구리와 합금 함으로써 더 단단한 '청동'을 만들기 시작했다.

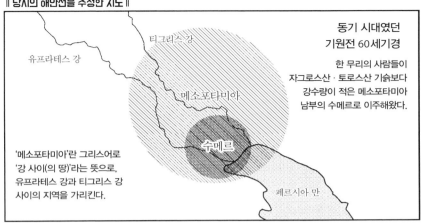

동기 시대였던
기원전 60세기경

한 무리의 사람들이
자그로스산 · 토로스산 기슭보다
강수량이 적은 메소포타미아
남부의 수메르로 이주해왔다.

'메소포타미아'란 그리스어로
'강 사이(의 땅)'라는 뜻으로,
유프라테스 강과 티그리스 강
사이의 지역을 가리킨다.

사람이 살던 지역도 아니고
살기 좋다고도 말할 수 없는,
이 수메르 땅을 개척한 내막은
오늘날까지도 자세히
전해지고 있지 않다.

무엇보다
이 주변은 비가
거의 내리지
않아서 보리가 잘
자라지 않겠어.

이곳은 큰 강의
최하류 지역이라
홍수가 빈번하게
일어나서…

꽤나
남쪽까지
왔는데도
사람이 없군
….

사람들은
강가 주변의
높은 지대에
모여 살았다.

큰 강이 흐르니
우물을 파면
어떻게든 살 수
있겠지만….

그렇다면 카기나, 네가 모두의 기도를 신께 전해다오.

좋은 생각이야, 형.

온갖 재해를 누그러뜨릴 수 있도록

그러니 앞으로도 취락의 가장 높은 장소에 신전을 세우고 기원을 드리면 어떨까요?

알겠습니다.

신에게 기원을 올리는 장소인 '신전'을 건립했다.

이로 인해 신전에서 의식을 주관하는 '제사장'이 나타났지만,

이때까지는 전문적인 직업이라기보다 농사를 지으면서 겸업하는 일에 가까웠다.

어이, 저길 좀 봐.

취락의 구성원이라면 누구나 자유롭게 출입할 수 있었다.

그러던 어느 날…

신전의 곁방은 잉여 식량을 보관하는 저장고로 사용되었는데.

그렇게 여분의 식량이 비축된 취락에 '외지인'이 모여들게 되었다…

또 외지인이 찾아왔어….

점점 많아지는군.

기원전 40세기경 급작스러운 기후변화로 페르시아 만의 해수면이 상승하면서 해안가에서 농지를 잃고 이주해오는 사람들이 생겨났다.

제사장을 맡고 있는 카기나는 어떤가?

아무래도 저장고를 관리할 사람이 필요하겠군….

큰일이야. 외지인들이 멋대로 식량을 꺼내 가고 있네!

앞으로 저장고의 관리는 제사장인 카기나에게 맡기기로 했네!

모두 들어 주게나!

취락의 창고에는 잉여 식량이나, 도구의 제작, 수리에 필요한 재료,

음, 괜찮군.

젊지만 성실하고 생각이 깊어.

찬성일세.

형…!

저장고 문의 손잡이를 진흙으로 봉하고, 그 위에 제가 가지고 있는 이 도장을 찍겠습니다.

다른 지역에서 입수한 귀중품 등을 보관했기에

앞으로는 제 허락 없이 저장고를 함부로 열지 말아 주세요!

이때 나무못에 밧줄을 묶어 닫힌 문에 박고 진흙을 바른 다음 그 위에 도장을 찍는 구조의 장치를 이용했는데,

소중한 물자를 카치관이 다른 외지인들이 허락 없이 사용하지 못하도록 저장고의 문을 봉인하게 되었다.

이거라면 누군가 멋대로 열었을 때 금방 알아차릴 수 있겠어요.

카기나가 머리 좀 썼구먼.

봉인 자체는 쉽게 부술 수 있지만

알아차리기 쉬운 구조인 데다 취락의 규칙에 따라 처벌해서 도둑질을 방지하는 효과가 있었다.

이윽고 저장고를 봉인할 때 찍는 도장을 관리하는 제사장이,

앗.

확실히 멋대로 열면 금방 알아차릴 수 있겠네요.

이게 역청이란 거군요.

봉인했던 진흙을 부수고 여는 거군요. 처음 봤어요.

응, 이제 괜찮을 거야!

자게시 형, 잘 붙었나요?

취락의 지도자로 여겨지기 시작했다.

아껴 쓰도록 하렴.

이건 취락 구성원들의 소중한 재산이야.

제사장은 잉여 식량의 보관·분배뿐만 아니라 무역까지 책임지게 되었다.

그렇게 하면 우리의 삶이 더 풍요로워질 거예요.

그렇게 기원전 40세기 중반 무렵부터 겸업의 일종이던 제사장이 서서히 '신관'이라는 직업으로 자리 잡았고,

그중에서 지도자의 역할을 맡는 '신관장'이 생겨났다.

기원전 50세기경부터 유프라테스 강과 티그리스 강을 중심으로 한 수상 무역이 발전했다.

이 시기 메소포타미아에서는 무역이 활발하게 일어났는데,

당나귀를 가축화시켜 운반에 이용할 수 있게 되면서, 무역량과 무역로가 확장돼 육상 무역도 발전하게 되었다.

와아~

빙글 빙글

빙글

이 물레를 세우면 어떻게 될까?

또 기원전 40세기 중반 무렵에 들어 토기를 빚는 물레를 토대로 바퀴가 만들어지고

취락에서도 먼 지역에서 생산된 귀중한 자원과 물건을 구할 수 있었다.

와인 항아리는 좌측 안쪽에…

어이, 그 구리는 이쪽으로 옮기게.

이렇듯 무역이 활발해지면서 구리·납 등의 금속이나 청금석·홍옥석·터키석 등의 귀한 돌, 와인 등

이보게, 자게시!

신관이 아닌 세속적인 사람도

저장고를 관리하는 경우가 생겨났다.

카기나 님이 부르시네.

곧 가겠네.

무역품은 저장고에 보관했는데, 점차 그 양이 많아지면서 신전의 저장고를 늘리거나 별도로 커다란 저장고를 세우기도 했다.

이후 것(?)이 흐르며 취락에 부가 쌓이자

한편 무역로가 발달하면서 부유한 취락을 중심으로 수메르의 사람과 자원, 물건과 정보가 모여들었다.

여기는 먹을거리가 풍부해서

굶을 걱정은 없다고 들었네.

그 결과 취락이 서서히 커지면서 사람들은 저마다 구획을 나누고 같은 출신끼리 모여 살기 시작했다. 취락민들은 이주해온 외지인들과 공존했지만…

가장 위대한 신이 아니신가! 그렇다면 안심이로군.

'안'이라는 하늘의 신을 섬긴다던데.

신이란 것이 대체 뭐요?

안? 그보다

저는 신관입니다. 안을 모시는 신의 대리인 이지요.

뭐요? 우리가 왜 당신 말을 들어야 하는 거요?

자, 여러분… 여기서 생활하시려면 관개공사에 동참해 주셔야 합니다.

가치관이 달라 문제가 생길 때도 있었다.

※ 메소포타미아에서 모셔지던 하늘의 신으로, 가장 오래되고 가장 높이 모셔지던 신

이렇게 해서 신전을 더 높고 더 훌륭하게 짓게 되었다.

카기나 신관장님, 좋은 생각입니다!

굉장한 생각입니다.

역시 형님!

자게시, 네가 공사의 지휘를 맡아주었으면 한다.

그 신전을 본 이들은 안 님의 고귀함을 단번에 알아볼 겁니다.

※ 구운 석고에 모래·물을 섞어 반죽한 도장재

흙벽돌로 벽을 쌓아 올리시오.

외벽은 석고 모르타르*를 발라 하얗게 만듭시다.

이후 취락은 신전을 중심으로 몇 개의 구획으로 나뉜 거대한 규모로 성장했다.

'도시'가 형성된 것이다.

우리의 주인 안께서 힘을 내려주신다.

메소포타미아에서는 신을 도시의 주인으로 여겼기 때문에 도시에서 가장 중요한 건물은 신전이었다.

농사보다는 토기를 빚는 일이 알맞아.

나는 손재주가 좋으니

가장 먼저 일을 도맡아 하는 직업과 함께 나눠서 하는 직업이 생겨났다.

곧이어 도시가 이전보다 훨씬 거대해지고, 인구가 늘어나면서

나는 저장고에 보리를 옮기는 일을….

성큼 성큼

나는 신전의 물자를 선박으로 나른다네.

시민들의 삶에도 변화가 일어났다.

110

한편 도시의 성문 부근에는 시장이 들어섰는데,

일찍이 토큰은 무언가를 기억하는 데 쓰이던 보조 도구였으나 점차 기록물로서의 기능이 강해졌다.

예컨대 수를 기록한다면 먼저 기록할 수만큼 토큰을 준비한 다음,

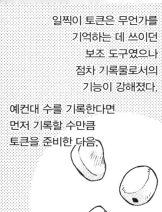

자, 양 25마리 라는 증거로 …

감사 합니다, 신관님.

잘 길러주렴.

네게 신전의 재산인 양 25마리의 사육을 맡기마.

점토로 만든 공의 표면에 토큰을 찍어 자국을 남긴 뒤, 토큰을 공 안에 넣어 닫고,

토큰 자국 위에 소유자를 인증하는 도장을 찍어 기록했다.

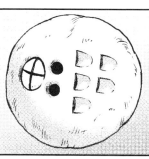

따라서 공 표면의 자국을 보면 공 속에 들어 있는 토큰의 개수를 알 수 있었다.

메소포타미아에서는 이러한 원통인장을 기원전 40세기 후반 부터 수천 년간 활용했다.

이때 도장은 점토공을 물에 적셔 위조하지 못하도록 찍은 것인데

주로 원통형 도장의 곡면에 문양을 새긴 원통인장을 사용했다.

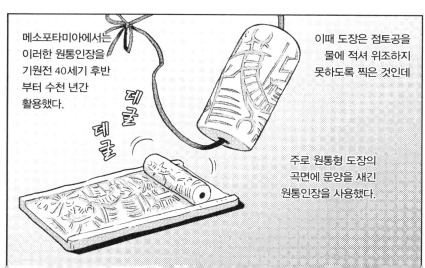

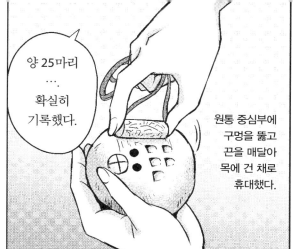

양 25마리
….
확실히
기록했다.

원통 중심부에
구멍을 뚫고
끈을 매달아
목에 건 채로
휴대했다.

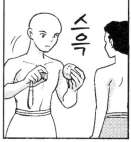

또 도장은
대개 소유자를
나타내는
계약도장으로
사용되었는데,

슥
으

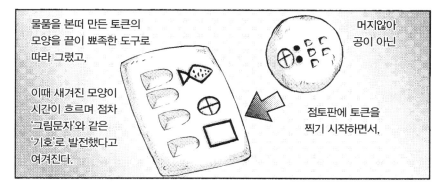

물품을 본떠 만든 토큰의
모양을 끝이 뾰족한 도구로
따라 그렸고,

이때 새겨진 모양이
시간이 흐르며 점차
'그림문자'와 같은
'기호'로 발전했다고
여겨진다.

머지않아
공이 아닌

점토판에 토큰을
찍기 시작하면서,

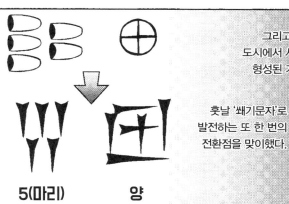

5(마리)   양

그리고 이렇게
도시에서 사용되며
형성된 기호들은

훗날 '쐐기문자'로
발전하는 또 한 번의
전환점을 맞이했다.

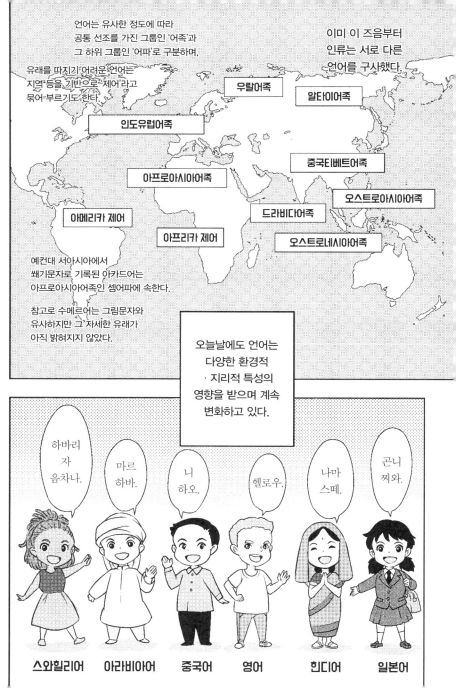

'와인'은 기원전 60세기경 남캅카스 지방에서 처음 만들어진 오랜 역사가 있는 기호품※ 으로

도시의 발전은 인류에게 풍요로움만 선사한 것은 아니었다.

저 멀리 북쪽 명산지에서 가지고 온 이 최상급 와인 말이야.

당시에도 주요 무역품 중 하나였던 것으로 추측된다.

※ 맛·향·자극 등 개인의 취향을 만족시키는 음식 또는 물건

앗…! 그만 두시오!

항아리째 넘겨 주시지!

어이! 꽤나 맛있어 보이는 와인 아닌가!

도시로 돌아가면 여러 귀중품과 교환할 수 있겠어. 조금 있으면 도착하겠군.

시끄 러워!

파

앗

꿀 꺽

와하하 하

저 녀석들…. 강 상류 쪽 취락에 사는 놈들이잖아.

… 이런 일이 있었습 니다.

제길, 돌려 줘!

와ー!

서아시아에서는 외지인들이 이주하기 시작하던 기원전 40세기 초반부터 성벽을 쌓았던 것으로 추정된다.

우오

세속적인 '권력자'가 나타난 것이다!

오오오

곧 본격적으로 전쟁이 일어나자 무력이 뛰어난 인물이 권위를 인정받고 '국왕'에 오르게 되었다.

예.

우리가 지배하는 편이 안심되겠어.

'노예'라는 신분이 생겨났다.

한편 전쟁에서 패배해 포로로 잡힌 이들이 승자의 소유물로 취급되면서

도시는 주위의 취락을 복속시키며 점차 성장해갔다.

함락 했다!

118

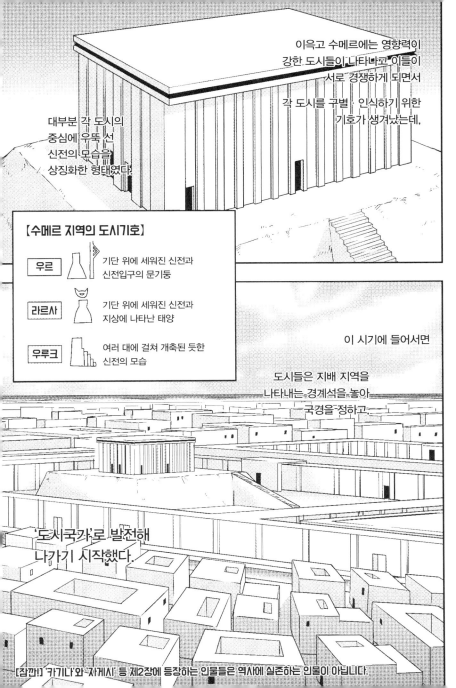

이윽고 수메르에는 영향력이
강한 도시들이 나타나고 이들이
서로 경쟁하게 되면서

각 도시를 구별·인식하기 위한
기호가 생겨났는데,

대부분 각 도시의
중심에 우뚝 선
신전의 모습을
상징화한 형태였다.

【수메르 지역의 도시기호】

우르		기단 위에 세워진 신전과 신전입구의 문기둥
라르사		기단 위에 세워진 신전과 지상에 나타난 태양
우루크		여러 대에 걸쳐 개축된 듯한 신전의 모습

이 시기에 들어서면

도시들은 지배 지역을
나타내는 경계석을 놓아
국경을 정하고,

'도시국가'로 발전해
나가기 시작했다.

[잠깐!] '카기나'와 '자게시' 등 제2장에 등장하는 인물들은 역사에 실존하는 인물이 아닙니다.

인류의 문명이
가장 먼저 꽃피운 곳은
서아시아부터 이집트에
이르는 지역이었다.

이곳에서 시작된
고대 문명이 바로
'오리엔트 문명'이다.

니네베
티그리스 강
엑바타나
바빌론
수사
유프라테스 강
우르
페르세폴리스

제 3 장 오리엔트 문명

아크나톤
이집트

네페르티티
이집트

도시와
그 주변 지역을

한 명의 국왕이
지배하는

'도시국가'가
탄생했다.

기원전 35세기경,
이 지역의 취락들이
도시로 합쳐지고
성장하면서

이 지역에서는 큰 강을 이용한
관개농업이 발달했고, 그 덕에
식량이 안정적으로 공급돼
인구가 늘어날 수 있었다.

지중해

예루살렘

멤피스

텔 엘 아마르나

나일 강

테베

아슈르바니팔
아시리아

키루스 2세
아케메네스조 페르시아

함무라비
고바빌로니아

다리우스 1세
아케메네스조 페르시아

수메르인은 기원전 30세기
중반부터 메소포타미아 남부에
'우르 · 우루크 · 라가시' 등
다수의 도시국가를 형성했다.

∥당시의 해안선을 추정한 지도∥

닝기르수
농업과 수렵의 신
(라가시)

인안나
사랑과 전쟁의 신
(우루크)

난나
달의 신
(우르)

● 라가시

우루크 ●

● 우르

이들은 다신교를 믿었고
도시국가마다 고유의
수호신이 있었는데.

고바빌로니아 등으로 시대가
바뀌어도 신들 대부분은
이름만 바뀌어 전승되었다.

메소포타미아의
도시국가에서는
왕을 신의 대리인
으로 여겼다.

이들은 정치 · 군사
권력을 가지고
백성을 지배했는데,

나는 신들의
명을 받아
모든 이들에게
호소한다
….

이를 신의 권위를 빌려
통치한다는 뜻에서
'신권 정치'라고 부른다.

여러 기록에는 수메르인의 농업 생산성이 고대 로마 또는 중세 유럽과 비교해도 매우 높아서

올해는 보리가 풍년이네요.

뿌린 씨앗의 수십 배에 달하는 양을 수확했다고 전해진다.

아빠, 힘내세요~! 소야, 너도 힘내!

음매~

이만큼이면 올해를 날 수 있겠지. 여기 있네.

신관들이 필요한 만큼의 식량과 물자를 지급하는 형태로 식량이 관리되었다.

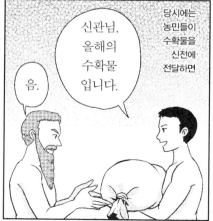

신관님, 올해의 수확물입니다.

음.

당시에는 농민들이 수확물을 신전에 전달하면

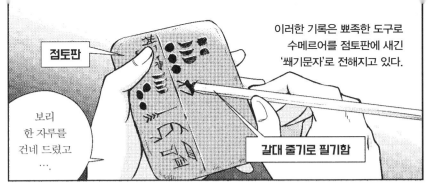

점토판

보리 한 자루를 건네 드렸고 ….

이러한 기록은 뾰족한 도구로 수메르어를 점토판에 새긴 '쐐기문자'로 전해지고 있다.

갈대 줄기로 필기함

새			
물고기			
태양			
곡물			

시간이 흐르면서 문자의 형태가 달라졌단다.

참고로 쐐기문자는 수메르어가 아닌 다른 언어를 기록할 때도 쓰여서

기원 전후까지 메소포타미아 일대의 공통문자로 사용되었다.

아하.

꼭 쐐기처럼 생겼네요.

이는 도시국가 우루크에 실존했다고 여겨지는 국왕 '길가메시'가 그 주인공으로,

수메르인이 남긴 영웅전설로는 《길가메시 서사시》가 있다.

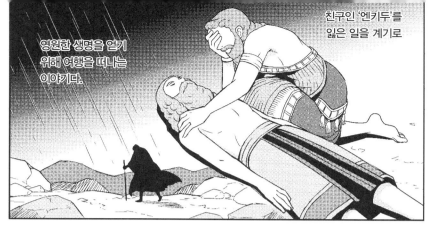

친구인 '엔키두'를 잃은 일을 계기로

영원한 생명을 얻기 위해 여행을 떠나는 이야기다.

이야기 형태로 발견된 가장 오래된 판본은 고바빌로니아 시대의 것으로

오늘날 잘 알려진 《길가메시 서사시》 형태의 판본은 신아시리아 시대에 형성된 것으로 보인다.

이 전설에서 홍수로 인해 발생하는 이야기의 전개과정은 『구약성서』의 「노아의 방주」 단락과 유사한 면이 있다고 평가받는다.

수메르인은 역법과 수학에도 뛰어났는데, 시대가 바뀌어도 이들의 능력은 대대로 이어졌다.

'일주일 제도', '태음력'은 대대로 계승되었단다.

달이 차고 기우는 걸 기준으로 계산한 역법[*2]이군요.

우리 수메르인이 고안한 '육십진법[*1]'과

오오오오

나는 북쪽의 아카드부터 남쪽의 수메르까지, 광대한 영토를 다스릴 것이다!

시간이 흘러 기원전 24세기~기원전 23세기경 수메르 북쪽의 아카드 지역에서 '사르곤'이라는 국왕이 모습을 드러냈다.

사르곤

'아카드'인을 이끌고 나타난 사르곤은 압도적인 군사력으로 수메르인이 세운 도시국가를 정복했고,

그의 손자인 '나람 신' 대에 들어 메소포타미아 대부분을 지배하기에 이르렀다.

아카드인은 민족 계통이 불분명한 수메르인과 달리 셈족에 속하는 민족으로,

이들은 수메르인이 만들어낸 쐐기문자 등을 계승했다.

이렇게 몰락한 수메르인은 기원전 21세기경 우르를 중심으로 부흥에 성공했다.
(우르 제3왕조)

니네베

아카드

바빌론

우루크 ◎ ◉ 라가시

수메르

우르

【기원전 30세기경의 메소포타미아】
∥ 당시의 해안선을 추정한 지도 ∥

※1 60을 한 단위로 묶는 기수법. 시간(분·초)이나 각도 등의 계산에 사용됨
※2 천체의 움직임을 기준으로 새해의 첫날을 정하는 방법. 즉 날짜를 계산하는 방법

우르 제3왕조는 역사상 가장
오래된 법전을 정비하고,
관료제를 시행하는 등
여러 분야에서 발전했으나,

부흥한 지 약 100년만에
동쪽에서 쳐들어온
'엘람인'에 의해 멸망했다.

한편 기원전 21세기경부터
메소포타미아에 이주하기
시작한 '아모리인'들은
기원전 20세기경에 들어
각지에 왕국을 세웠는데,

도시 바빌론을
중심으로 건국된
'고바빌로니아'는
그중에서도 특히나
두각을 드러냈다.

고바빌로니아의
국왕 '함무라비'는
기원전 1792년경에
즉위해 42년간
나라를 다스리며,
메소포타미아 남부
(바빌로니아)와
북부 지역 일부를
통일했다.

각지에서
백성들이
신음하고
있습니다!

전하, 계속되는
전란으로
백성들의 삶이
피폐합니다.

그러나 오늘날 그의
이름이 전해지는
가장 큰 이유는…

함무라비

지켜야 할 법도를 정리해 정의를 세우겠다!

있어서는 안 될 일이다!

혼란을 틈타 재산을 빼앗는 이들까지 생기고 있다 합니다.

남편을 잃은 여성이나, 부모를 잃은 고아가 넘쳐 나고…

나는 이 땅의 신들과 백성들에게 약속한다!

강자가 약자를 괴롭히지 않도록 정의를 바로 세워 널리 알릴 것이다!

바로 그가 반포한 『함무라비 법전』 덕분이다.

제정한 법률을 돌기둥에 새겨 주요 도시에 세우도록 하라.

그는 당시에 있었던 관습법을 집대성해 총 282조로 이루어진 법전을 편찬했다.

훌륭한 비석이군.

오오, 이것이?

'까닭이 있어 괴롭힘을 당한 자를 나의 조각상 아래로 불러, 비석에 새겨진 말을 주의 깊게 읽게 하라.'
—「함무라비 법전」—

어디에 쓰는 거요?

전하께서 '곤란한 일이 있는 자는 이 비석을 보라' 라고 말씀하셨소.

【함무라비 법전비】
현무암으로 만들어진 높이 2.25m의 비석 앞뒤 양면에 조문이 새겨져 있음

'만일 어떤 이가 다른 이의 눈을 다치게 하면 그자의 눈도 다치게 하라' 라고 쓰여 있소.

만약 사람을 다치게 하면 어떻게 되는 거요?

이 법에 따라 신분이 같은 가해자라면 제삼자인 여러 구성원이 동일한 피해를 입혀 처벌했지만,

신분이 다른 가해자라면 보상금을 지불해 합의할 수 있었다.

으악?!

이러한 법률을 '동해보복법'※ 이라고 한다.

※ 피해자에게 입힌 손해만큼 가해자에게 동일한 손해를 부과하는 법률

130

띵—!

사유에 따라서는 가능하거든?

미안하지만 여자는 요구할 수 없어.

약혼을 파기해 줘.

「함무라비 법전」에서는 임금 · 이혼 · 의료비 · 외상값 · 가축으로 인한 피해보상 등 다양한 문제를 다뤘다.

외상값은 그 값에 상당하는 보리로 지불하게 되어 있습니다.

법전에는 뭐라고 쓰여 있죠?

어~이

주인장~! 술값 좀 깎아줘~. 외상으로 달아두고~! 딸꾹.

법전에 '수확한 보리로 지불하라' 라고 쓰여 있으니 피해를 끼친 만큼 보리로 변상하겠네.

좋아, 용서해 주지.

변상 하라고 해도 ….

자네 집 양이 내 논밭의 작물을 먹어 치웠다고! 이거 어쩔 거야! 당장 변상하게!

이 법전은 메소포타미아에서 천 년을 넘는 세월 동안 큰 영향력을 발휘했다.

함무라비

샤마시
정의의 신

한편 고바빌로니아에서는 천문학이 발전했는데,

이들은 지상에서 벌어지는 모든 일이 천문과 연관돼 있다고 믿었기 때문이다.

… 밤하늘의 별은 신들의 모습일세.

밤하늘을 관찰해 미래를 예측해야 한다네.

그러므로 우리 신관들은

신들께서는 당신의 생각을 천문 현상으로 나타내시지.

예, 신관장님.

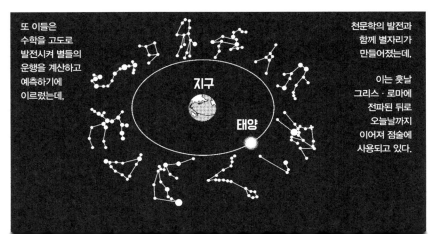

또 이들은 수학을 고도로 발전시켜 별들의 운행을 계산하고 예측하기에 이르렀는데,

천문학의 발전과 함께 별자리가 만들어졌는데,

이는 훗날 그리스·로마에 전파된 뒤로 오늘날까지 이어져 점술에 사용되고 있다.

지구

태양

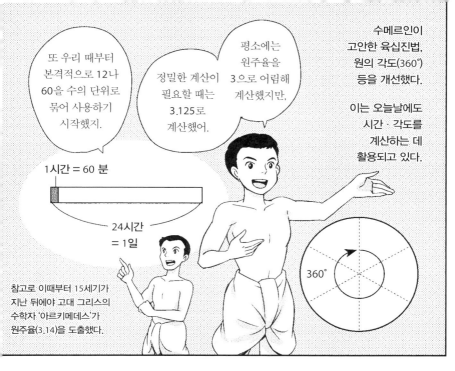

또 우리 때부터 본격적으로 12나 60을 수의 단위로 묶어 사용하기 시작했지.

정밀한 계산이 필요할 때는 3.125로 계산했어.

평소에는 원주율을 3으로 어림해 계산했지만,

수메르인이 고안한 육십진법, 원의 각도(360°) 등을 개선했다.

이는 오늘날에도 시간·각도를 계산하는 데 활용되고 있다.

1시간 = 60 분

24시간 = 1일

참고로 이때부터 15세기가 지난 뒤에야 고대 그리스의 수학자 '아르키메데스'가 원주율(3.14)을 도출했다.

360°

소아시아 (아나톨리아 반도)

히타이트

자그로스 산맥

카시트인

바빌론

고바빌로니아는 함무라비의 아들 '삼수일루나'가 즉위한 뒤로부터 쇠퇴하기 시작해, 기원전 1595년경 소아시아에서 침공해온 히타이트-국왕 '무르실리 1세'의 손에 멸망했다.

그 후 바빌로니아 지역은 자그로스 산맥 방면에서 온 '카시트인'에게 지배당하는 시대를 맞이하게 되었다.

돌격 하라!

히타이트는 인도유럽인이 세운 왕국으로 기원전 17세기에 건국돼 기원전 12세기 초에 멸망했다. 이들은 '하투샤'라는 수도를 세우고 소아시아 일대를 지배했는데,

하투샤

히타이트

본격적으로 철기를 사용하고, 군마가 이끄는 경전차를 앞세워 전쟁을 감행함으로써 강대국으로 성장했다.

철기

경전차

무르실리 1세가 고바빌로니아를 멸망시키고 귀환한 뒤,

가족에게 죽임을 당하다니 ….

죽어라, 국왕!

처남의 음모로 살해당하면서 히타이트는 혼란기에 들어섰다.

처남

무르실리 1세

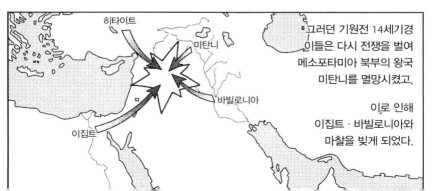

히타이트

미탄니

바빌로니아

이집트

그러던 기원전 14세기경 이들은 다시 전쟁을 벌여 메소포타미아 북부의 왕국 미탄니를 멸망시켰고,

이로 인해 이집트·바빌로니아와 마찰을 빚게 되었다.

마아트
진실과 정의의 여신

기원전 50세기경
이집트 지역에도
또 하나의 고대
문명이 탄생했다.

이집트는 메소포타미아와는 다르게
사막으로 둘러싸여 있어 외적의
침입이 적었기에 독자적인 문명을
안정적으로 구축할 수 있었다.

강수량이 적은 이 지역에 사람들이
정착하고 문명이 생겨날 수 있었던
이유는 이곳에 흐르는 '나일 강'
덕분이었다.

올해도 나일 강이
무사히 범람하면
좋으련만….

그렇
구나.

나일 강 덕에
우리가
살아갈 수
있는 거지.

강이
범람하면서
농지에
새로운 흙을
날라
준단다.

어째서
다들 강이
범람하기를
기다리는
거예요?

이집트 최초의 도시는 사람들이 모여 밀 · 보리 등의 농작물을 거래하던 시장을 중심으로 형성되었는데,

여기에 근처 농촌의 주민들이 모이기 시작하면서 더 거대한 규모로 성장하게 되었다.

모두 힘을 합쳐 열심히 일해라!

나일 강의 범람 등으로 인해 치수 사업이 필수적인 이 지역에서는 구성원들의 협력뿐만 아니라, 사람들을 통솔할 강력한 지도자가 필요했다.

이렇게 기틀을 잡은 도시들은 '노모스'라고 불리는 소국가로 발전하기 시작했다.

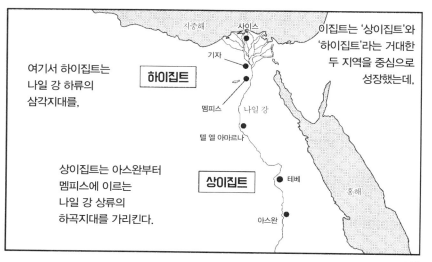

이집트는 '상이집트'와 '하이집트'라는 거대한 두 지역을 중심으로 성장했는데,

여기서 하이집트는 나일 강 하류의 삼각지대를,

상이집트는 아스완부터 멤피스에 이르는 나일 강 상류의 하곡지대를 가리킨다.

지중해

사이스

기자

하이집트

멤피스

나일 강

텔 엘 아마르나

상이집트

테베

홍해

아스완

이집트의 군주는 '파라오'라고 불렸는데,
이들은 다신교를 믿는 이집트 특유의
종교관을 밑바탕으로 삼아
하늘의 신 '호루스'의 화신이자
태양신 '라'의 자식, '살아있는 신'으로서
이집트를 다스렸다.

전설에 따르면 기원전
30세기경 상이집트의
파라오 '나르메르'가
하이집트를 정복하면서,
최초의 통일국가가
탄생했다고 한다.
(이집트 제1왕조)

파라오

호루스
하늘의 신 · 왕권의 수호신

오시리스
죽음과 부활의 신

하토르
사랑과 미의 신

이시스
풍요의 신

라
태양신

토트
지혜의 신

아누비스
망자의 수호신

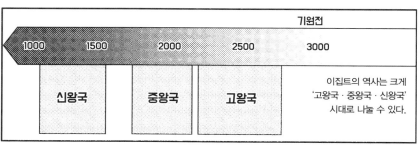

				기원전
1000	1500	2000	2500	3000
신왕국	중왕국		고왕국	이집트의 역사는 크게 '고왕국 · 중왕국 · 신왕국' 시대로 나눌 수 있다.

노동 인원을 대량으로 투입하고 계산한 대로 돌을 쌓으면

이전과는 비교할 수 없을 정도로 거대한 무덤을 지을 수 있습니다.

고왕국 시대는 기원전 27세기경부터 수도인 멤피스를 중심으로 나일 강 하류 유역에서 번성한 시기를 말한다.

파라오시여. 계획 중이신 사후 거처 말입니다만, 과감하게 거대한 건축물을 지으면 어떻겠습니까?

서서히 왕권이 강해지던 이 시기에 고대 이집트를 대표하는 건축물이 세워졌는데…

음, 좋다. 시행하라!

쿠푸
기원전 26세기경
이집트 제4왕조의 파라오

바로
'피라미드'다.

피라미드는 석재 · 흙벽돌을
사각뿔 형태로 쌓아 올린
건축물로,

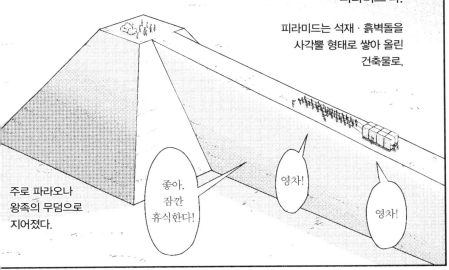

주로 파라오나
왕족의 무덤으로
지어졌다.

좋아,
잠깐
휴식한다!

영차!

영차!

이제 파라오께서
안식에 드시면
신들의 일원이 되어
우리가 행복할 수
있도록 보살펴
주실 거야.

피라미드를
쌓는 일은
여간 대공사가
아니었으나,
주로 농사를
쉬는 계절에
농민들에게
식량을 주면서
일을 시켰고

어휴,
돌을 옮기는 건
힘들지만,
임금도 받을 수 있고
식사도 나온다니
….

기자에 있는
쿠푸 파라오의
피라미드는 현존하는
피라미드 중에서도
가장 거대해
그의 왕권이
얼마나 강력했는지
짐작하게 한다.

농민들 스스로도
살아있는 신인
파라오가 사후에도
자신들을 지켜줄
것이라고 믿으며
공사에 참여했다고
전해진다.

그러게.
나일 강이 범람해
농사를 지을 수
없는 농한기의
일로는 나쁘지
않지.

멤피스

테베

중왕국 시대는 기원전 2133년경 이집트가 다시 통일되면서 시작되었다.

이들은 상이집트의 테베를 수도로 삼고 350년 가까이 왕조를 이어갔으나, 끝내 쇠퇴하고 말았고 결국 시리아 방면에서 쳐들어온 '힉소스인'의 지배를 받게 되었다.

고왕국 시대는 여러 이유와 함께 관료제가 비대해져 왕권이 약해지면서

기원전 22세기경에 막을 내렸다.

참고로 고대 이집트에서는 기원전 30세기경부터 '파피루스'라는 수초를 이용해 종이를 만들기 시작했는데,

줄기의 껍질을 벗기고

고갱이를 얇게 저며

늘어놓고 나무망치로 두들겨 붙인 뒤 말려서 만듦

종이를 뜻하는 영어 'paper'는 바로 이 파피루스지에서 유래했다.

이 시기에는 왕권이 강해짐에 따라 수도 '테베'의 수호신 '아몬'을 모시는 '아몬신앙'이 번성했다.

특히 아몬신앙의 중심지인 '카르나크 신전'은 역대 파라오들이 전쟁에서 승리할 때마다 전리품을 바쳐, 그 규모와 권위가 거대해지게 되었다.

아몬

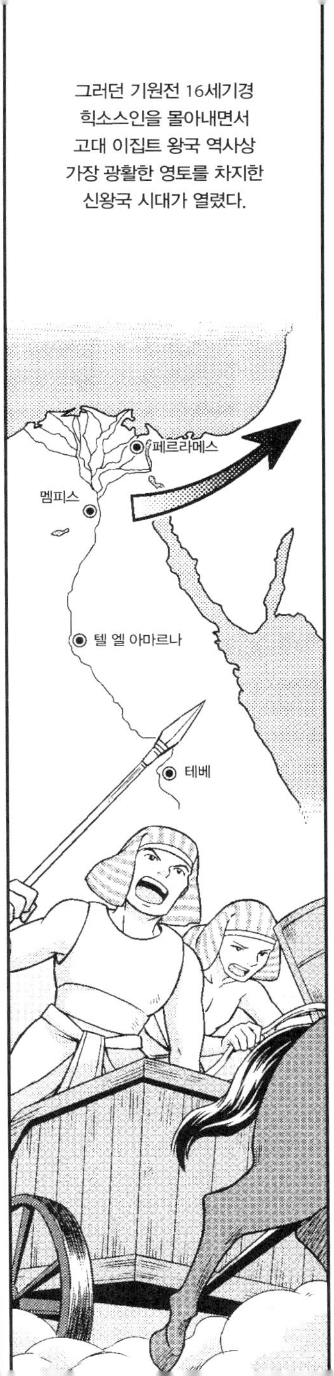

그러던 기원전 16세기경 힉소스인을 몰아내면서 고대 이집트 왕국 역사상 가장 광활한 영토를 차지한 신왕국 시대가 열렸다.

페르라메스

멤피스

텔 엘 아마르나

테베

이 근처까지 우리 이집트의 세력권이 되었어.

여기부터

다다다

핵 핵

투트모세 1세

투트모세 1세는 기원전 1054년경에 즉위한 파라오로, 동쪽으로는 유프라테스 강 부근, 남쪽으로는 수단에 이르기까지 왕국의 세력을 넓혔다.

그렇지! 무덤을 아무도 모르는 장소에 몰래 만들자!

네에!?

무덤이 저렇게 눈에 띄면 도둑이 드는 것도 당연해.

또 그는 피라미드가 눈에 띄어 도굴이 빈번하다는 점을 고려해…

'왕가의 계곡'이라 불리는 공동묘지를 조성했다.

눈에 띄지 않도록 테베 교외의 구릉지 안쪽 산비탈의 한 바위굴에

이후로 파라오와 고관대작들은 이 비밀 무덤에 안치되었다.

아직 나이가 어려 부왕의 왕비이자 전전대 파라오의 딸인 '하트셉수트'가 파라오로 즉위해 공동으로 나라를 다스리게 되었다.

함께 통치 합시다.

예, 계모님.

하트셉수트

투트모세 3세

하트셉수트는 평화 외교를 바탕으로 무역을 통해 나라를 풍족하게 했으며, 카르나크 신전을 증축하거나 자신의 장제전*을 짓는 등 건축에도 힘을 쏟았다.

※ 파라오에게 제사를 올리던 신전·성소

투트모세 1세가 죽은 뒤, 그의 아들 '투트모세 2세가 뒤를 이었지만, 몸이 병약해 일찍 세상을 떠나고 말았다.

쿨럭

쿨럭

이로 인해 기원전 1490년경 투트모세 2세의 아들인 '투트모세 3세'가 즉위했으나,

곧이어 그는 원정을 떠났는데, 제1차 원정의 목표는 팔레스타인 북부의 무역중심지인 메기도였다.

메기도※

메기도를 둘러싸서 항복시켜라!

시간이 흘러 기원전 1468년경 투트모세 3세는 단독으로 왕국을 통치하기 시작했다.

두두 두두 두두

※ 투트모세 3세 이후에도 잦은 전쟁이 일어나, 성서에 등장하는 '하르마게돈(아마겟돈)'의 역사적 배경으로 여겨지기도 함

메기도

멤피스

이집트

테베

그는 그 이후로도 17회 이상 원정을 단행하면서, 고대 이집트 왕국 역사상 가장 광활한 영토를 차지했다.

계속해서 영토를 넓혀라!

투트모세 3세

한편 이집트인은
영혼 불멸 사상과
사후세계를 믿어서

사람이 죽으면
부패하지 않도록
가공해 '미라'로
만들었다.

아버지…
아버지!

정말!?

그럼! 영혼이 돌아올
육체를 썩지 않게
보존하면 언젠가
되살아나실 수 있어!

그런 거야,
오빠?

슬프겠지만 울지 말자.
영혼은 영원하니까,
돌아오실 때를 준비하는
일이 더 중요해.

건조제 · 방부제 역할을
하는 수지 등을 시신에
채워 형태를 유지하고,

이들은 시신에서
뇌와 장기를
빼낸 뒤,

전신을 붕대로 감아 미라를
완성했다. 이렇게 완성된
미라는 생전의 모습을 본떠
제작한 관에 담아 보관했다.

※ '죽은 이들의 책', '죽은 이들을 위한 책'. 내세에 가려면 현세에서 선행을 쌓아야
한다는 문구와 사후세계에 대한 안내, 부활에 필요한 주문이 주된 내용을 이룸

신왕국 시대에 들어서며 미라와 함께 『사자의 서』를 매장하기 시작했는데, 『사자의 서』는 망자에게 전달할 문구를 파피루스지에 '히에로글리프'로 적은 일종의 사후세계 안내서였다.

『사자의 서』

오시리스

토트   망자   호루스

히에로글리프는 주로 묘실과 묘비에 새기는 고대 이집트의 '상형문자'로, '신성문자'라고도 불린다.

응, 오시리스께서 분명 인정해 주실 거야.

아빠는 좋은 사람 이었잖아.

이들은 히에로글리프 외에도 '히에라틱'과 '데모틱'이라는 문자를 사용했다.

정말, '항아리'도 다양한 문자로 적을 수 있네?

고대 이집트에서 사용된 문자

문자	설명	
히에로글리프(신성문자)	무덤이나 비석 등에 새겨진 상형문자. 주로 종교적 목적을 위해 사용함	
히에라틱(신관문자)	히에로글리프를 간략화해 필기하는 데 사용한 문자	
데모틱(민중문자)	기원전 7세기경부터 일상에서 사용한 문자	

우리는 이렇게 다양한 문자를 사용해 왔어.

아몬을 모시는
신관들의 권위가 점차
강력해지기 시작했다.

기원전 14세기경에
들어서면서

아몬께서
가호하시니 우리
이집트군이
연전연승하는군.

허허,
그렇지.

'아몬 라'로 불리고
이집트를 대표하는
신으로 모셔졌다.

이 즈음은 이집트
제18왕조 시기였는데,
'아몬'이 점차 태양신
'라'와 동일시되면서

그럼, 우리 아몬을
모시는 신관들은
파라오에 필적하는
힘을 지녔는데
무엇이 두렵겠나!

와하하

파라오에게 테베의
카르나크 신전을
더 크게 짓고, 화려하게
꾸며 아몬께서 내려주신
은혜에 보답해야 한다고
말해야겠군.

이렇게 되자
신관의 권위와
파라오의 권력이
서서히 마찰을
빚게 되었다.

이런 상황에 기원전 1351년경에 즉위한 파라오 '아멘호테프 4세'는…

흐음….

테베 아몬 신관 놈들…. 감히 파라오 위에 군림하겠다는 말이냐!

이들의 오만한 짓거리를 더는 참아줄 수가 없소!

탕

아멘호테프 4세
제18왕조 제9대 파라오

신관이 파라오를 업신 여긴다면, 이집트는 신의 분노를 사서

파라오는 신의 화신.

나일 강이 베푼 은총을 잃고 말 거예요.

네페르티티
아멘호테프 4세의 왕비

150

그 말이 맞소, 그러니 파라오가 나라의 주인임을 깨우쳐 줄 만한 방법을 찾아야 ….

그렇지! 아몬 대신 다른 신을 내세우는 거다!

어머.

테베 지방의 수호신에 불과했던 아몬에게

이렇듯 권위가 생긴 것은 역대 파라오들이 공물을 바쳤기 때문이오!

거기에 태양신 라의 권위가 합쳐지면서 왕국의 수호신으로 떠받들어진 것뿐이지!

휘익

※1 '아몬이 만족한다'라는 뜻
※2 '아톤에게 도움이 되는 자'라는 뜻

그러니 고대의 태양신 '아톤'을 끌어와 왕국의 수호신으로 삼겠소! 신은 아톤만 존재하면 돼!

그리고 오늘부터 나의 이름을 '아멘호테프'※1에서 '아크나톤'※2으로 개명하겠소!

멋져요.

151

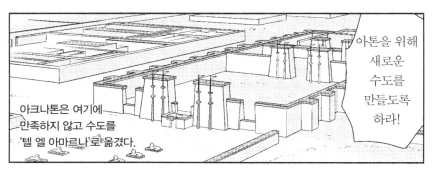

아톤을 위해 새로운 수도를 만들도록 하라!

아크나톤은 여기에 만족하지 않고 수도를 '텔 엘 아마르나'로 옮겼다.

이렇게 형성된 '아톤신앙'은 역사상 최초의 일신교로 여겨지며, 이때 이루어진 종교개혁을 가리켜 '아마르나 혁명'이라고 부른다.

우리가 섬길 신은 오직 태양신 아톤뿐!

그때까지 이집트의 신들은 사람 또는 사람의 신체와 동물의 머리를 지닌 형태로 그려졌지만,

아톤은 태양과 태양에서 뻗어 나오는 빛의 손으로 표현되었다.

또 이 시기에는
아크나톤의
명령에 의해

자연주의적 예술인
'아마르나 미술'이
꽃을 피웠다.

고대 이집트
예술은 전통적
으로 양식미를
중요시했지만,

아마르나 미술에서는
단란한 가족을 주제로
삼는 등 있는 그대로의
사실성을 중요시했다.

오늘날에는 이 시기의
미술품으로 아크나톤의
왕비 네페르티티를
본떠 만든, '네페르티티
흉상'이 전해지고 있다.

이렇듯 아크나톤은
이집트에 새로운
활력을 불어넣었지만….

아크나톤이 죽은 뒤
수구파가 힘을
되찾게 되었다.

이후 '투탕카멘'이
9살이라는 어린
나이에 파라오로
즉위했으나,

아몬신앙을
부활시키고
고작 18살에
세상을 뜨고
말았다.

20세기에 들어 왕가의
계곡에서 그의 무덤이
발견돼 황금 데스마스크와
미라가 발굴되었다.

수도는
멤피스로
한다.

최고신을
아몬 라로
되돌린다.

투탕카멘

히타이트군

카데시

이집트군

신왕국 시대는 기원전 1290년경 '람세스 2세'가 즉위하면서부터 최고의 번영기를 맞이했다.

그러나 같은 시기 무서운 기세를 뽐내던 히타이트와

시리아 지역의 지배권을 두고 카데시에서 격돌한 전투[※]가

람세스 2세

※ 카데시 전투(기원전 1286년경)

전차대 돌격하라!

이집트 놈들, 함정을 눈치챘나!

우오ー

무와탈리 2세
히타이트 국왕

아뿔싸···! 전군, 집결하라!

우오오오

뭐야! 히타이트군이 매복해 있다고!?

예!

람세스 2세
이집트 파라오

무승부로 끝이 나면서

이집트 왕국은 이민족의 침입에 시달리며 서서히 쇠퇴하기 시작했다.

철기와 기마병을 앞세운 강력한 군사력으로 영토를 확장하기 시작했다. 이윽고 이들은 이집트를 포함해 전 오리엔트 지역을 차지하고 제국으로 성장했다.

【아시리아의 최대 영역】
‖ 당시의 해안선을 추정한 지도 ‖

니네베
아슈르
바빌론

시선을 돌려 메소포타미아 북부, '아시리아'라는 한 국가가

아시리아의 샤르 샤라니[1]들은 행정조직을 정비하고, 명령을 빠르게 전달하기 위해 역전제[2]를 시행했다.

'아슈르바니팔'은 기원전 668년에 즉위한 샤르 샤라니로, 그가 통치하던 시기 제국은 가장 광활한 영토를 차지했다.

여기서 '제국'은 광활한 영토와 다양한 민족, 문화를 지닌 강대국을 말한다.

※1 아시리아 군주의 칭호로 '왕 중의 왕'을 뜻함
※2 일정한 거리마다 숙소를 설치하고 말을 제공하던 교통체계

그는 이전의 샤르 샤라니들과 달리 쐐기문자를 능숙하게 사용했으며,

예.

짐은 선대 샤르 샤라니들이 익히지 못했던

최고의 문자를 익혔다.

아슈르바니팔

흐음….

문학·역사 등의 여러 학문과 예능을 보호하고 수도인 니네베의 왕궁에 많은 문서를 보관할 수 있도록 도서관을 만들었다.

도서관에 없는 다른 도시의 귀중한 문서는 필사해 가져오도록 하라.

예.

【밀랍판】
나무틀에 밀랍을 부어 만든 판으로 책을 만드는 재료로 사용됨

이 도서관은 세계에서 가장 오래된 도서관으로 추정되는데,

종교문서, 점술문서, 문학작품 등 다양한 내용을 담은 수만 장의 점토판이 출토되었다.

157

또 아슈르바니팔은 강력한 군사국가의 군주답게 사자 사냥 의식을 거행했는데,

그 용맹한 모습을 담아낸 부조 작품이 오늘날까지 전해진다.

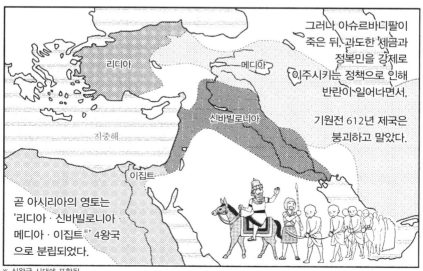

리디아

메디아

지중해

신바빌로니아

이집트

그러나 아슈르바디팔이 죽은 뒤, 과도한 셈금과 정복민을 강제로 이주시키는 정책으로 인해 반란이 일어나면서,

기원전 612년 제국은 붕괴하고 말았다.

곧 아시리아의 영토는 '리디아 · 신바빌로니아 · 메디아 · 이집트※' 4왕국 으로 분립되었다.

※ 신왕국 시대에 포함됨

지중해 동쪽 연안에 위치한 시리아와 팔레스타인 지역은

메소포타미아와 이집트를 잇는 통로였기 때문에, 교통·무역에 있어 오래전부터 중요한 역할을 해왔다.

다마스쿠스

메기도

사마리아

예루살렘

가자

베들레헴

지중해

가나안

← 이집트

메소포타미아 →

기원전 12세기 초에는 '바다민족'이라고 불리는 집단이 히타이트를 멸망시키고 진출해왔다.

고맙네.

좋은 항아리로군.

이 지역에는 기원전 15세기경부터 '가나안인'이 자리를 잡았으며,

가나안인

이어 기원전 12세기 말에는 '아람인'과 '페니키아인'이, 기원전 10세기경에는 '히브리인'이 활발하게 활동하기 시작했다.

히타이트인

당했다~!

아람인

바다민족

페니키아인

히브리인

-한편 히브리인은…

신바빌로니아의
수도 바빌론

히브리인
장로의 집

페니키아인은
지중해 무역에서
활약하던 민족으로,

지중해·각지에
식민지를 세웠다.

이들은
원시 가나안 문자로
페니키아 문자를
만들었는데,
이를 그리스인이
사용하면서 변형된
형태가 알파벳으로
추정된다.

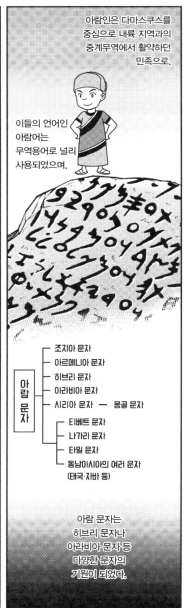

아람인은 다마스쿠스를
중심으로 내륙 지역과의
중계무역에서 활약하던
민족으로,

이들의 언어인
아람어는
무역용어로 널리
사용되었으며,

아람 문자

├─ 조지아 문자
├─ 아르메니아 문자
├─ 히브리 문자
├─ 아라비아 문자
├─ 시리아 문자 ── 몽골 문자
├─ 티베트 문자
├─ 나가리 문자
├─ 타밀 문자
└─ 동남아시아의 여러 문자
　　(태국·자바 등)

아람 문자는
히브리 문자나
아라비아 문자 등
다양한 문자의
기원이 되었다.

160

모세는 이집트를 탈출할 때 야훼에게 열 가지 율법인 '십계명'을 받았는데,

야훼께서 내리신 열 가지 율법이오!

그렇단다.

이를 본 히브리인들은 스스로를 신의 선택을 받은 민족이라고 여기며

야훼를 유일신으로 섬기게 되었다.

모세
선지자

왕국이 번영하던 시기에는 각지에서 여러 재화와 보물을 예루살렘 신전에 바쳤다고 하더구나.

이후로 이스라엘 왕국이 건국되면서 '다윗'과 '솔로몬' 시대에 왕국은 번영을 누렸단다.

다윗

솔로몬

남쪽의 '유다 왕국'은 그 후로도 100년 이상 이어지다가 신바빌로니아의 공격을 받아 멸망하게 되었지…

아시리아

신바빌로니아

솔로몬 왕께서 돌아가신 뒤 왕국은 북쪽과 남쪽으로 분열되었단다. '북이스라엘 왕국'은 아시리아의 침입으로 멸망했고,

북이스라엘 왕국

유다 왕국

우리는 바빌론에서 태어나고 자랐으니까.

힝…. 그치만 나는 그런 번영이나 신전은 모르는걸? 누나도 그렇지?

치~

[잠깐!] '모세 · 다윗 · 솔로몬' 등의 역사는 『구약성서』를 기반으로 함

…

이 사건을 '바빌론 유수'라고 한다.

그렇게 우리 이스라엘인들은 바빌론에 끌려오게 된 거란다.

자신들 스스로는 '이스라엘인'이라고 일컬었다.

우리는 스스로를 이스라엘인 이라고 부른다네.

아一

다른 민족들은 '히브리인' 이라고 불렀으나.

엥?

어이, 히브리인.

오늘날 '유대인'※ 이라고 불리는 이 민족을

※ '유다 왕국 사람', '유대 지역 사람'이라는 뜻

장로님은 원래 유다 왕국 사람이었던 거네요?

다양한 명칭이 있었구나.

그렇지.

지중해

● 메기도

요르단 강

사마리아 ●

예루살렘 ●

유다 왕국 (추정)

그러다 기원전 6세기경에 발생한 바빌론 유수를 기점으로

멸망한 유다 왕국 사람들을 가리켜 점차 유대인이라고 부르기 시작하면서

이스라엘인을 유대인이라고 부르게 되었다.

이때 '공중정원'※²과 하늘까지 닿는 '성탑'※³을 지었다는 전설이 전해진다.

그대를 위한 공중정원 이오.

정말 아름다 워요.

네브카드네자르 2세
제2대 샤르

네브카드네자르 2세는 전란으로 파괴된 수도 바빌론을 보수하고 대규모로 확장했는데,

오오.

유다 왕국을 멸망시킨 신바빌로니아는

기원전 625년 바빌로니아 남부에 거주하던 '칼데아인'이 세운 나라로,

포로가 되다니 ….

걸어라.

아….

제2대 샤르※¹인 '네브카드네자르 2세' 대에 들어 시리아 팔레스타인까지 영토를 늘리고 매우 번영한 제국으로 성장했다.

페르시아의 샤※⁴가 바빌론에 입성했어!

얘들아, 큰일 났다!

뿔

퀵

그건 그렇고 우리도 고향에 돌아갈 수 있는 걸까?

탕!

탕!

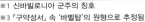

※1 신바빌로니아 군주의 칭호
※3 「구약성서」 속 '바벨탑'의 원형으로 추정됨
※2 당대의 기술적 한계를 뛰어넘은 옥상 정원
※4 페르시아 군주의 칭호

기원전 6세기 중반 메소포타미아 동쪽의
이란 고원에 살던 '페르시아인'이 서서히
세력을 넓히기 시작했다.

특히 세력이 강성했던 아케메네스 가문의
'키루스 2세'는 기원전 550년 '페르시아'를
건국하기에 이르렀다.
(아케메네스조 페르시아)

페르시아의 샤…?

?

흑해

카스피해

엑바타나

이란 고원

바빌론

지중해

수사

아케메네스조 페르시아

인도

페르시아만

'페르시아'는
발상지인
'파르사'와
관련된
명칭이야.

오래전에
'아리아인'에서
'이란'이라는
말이 비롯
되었어.

페르시아인은
인도유럽인에
속하는
아리아인 계통의
민족이라네.

[기원전 6세기 아케메네스조 페르시아의 영토]

이란 고원에서
소아시아까지
세력을 넓혔다.

지중해

그는 멈추지
않고 같은 해
동맹국이었던
메디아를 배신해
멸망시키고

이윽고 내통자가 발생해 이들이
바빌론의 성문을 개방하면서
키루스 2세는 폭정의 해방자로서
맞아들여졌다.

그래!

페르시아의
샤가 왔다고?

이 무렵
신바빌로니아는
내정이 혼란에
빠져 있었는데,

키루스 2세

그리고 기원전 525년,
키루스 2세가
눈을 감은 이후로도
페르시아는 이집트까지
영토를 넓혀 마침내
전 오리엔트의 지배자로
우뚝 서게 되었다.

그렇게
기원전 539년,
신바빌로니아가
멸망하면서
페르시아가
메소포타미아
전역을 통일했다.

우리
이스라엘인들은
어떻게 되는
걸까요?

너희는 예루살렘으로 돌아가 나라를 다시 일으키고 너희의 신앙을 재건하라.

히브리 백성들이여, 안심하라.

키루스 2세
아케메네스조 페르시아의 샤

4개월 뒤

50년 만에 돌아가는구나.

참고로 이때 확립된 유대교의 성경 『타나크』는, 훗날 그리스도교의 『구약성서』가 되어 오늘날까지 전해지고 있다.

예루살렘으로 돌아간 이스라엘인들은 야훼를 모시는 신전을 다시 세우고 '유대교'를 확립했다.

우리는 인더스 강부터 소아시아에 이르는 광대한 영토를 정복했노라.

지금까지 이토록 광활한 지역을 지배한 나라는 없었다.

이 땅을 어떻게 다스리면 좋을지 말해보아라.

다리우스 1세
아케메네스조 페르시아
제3대 샤한샤※

※ 다리우스 1세부터 페르시아는 '왕 중의 왕'이라는 뜻의 '샤한샤'를 군주의 칭호로 사용함

폐하, 제국의 모든 땅을 20개 정도의 행정구역으로 나누고, 사트라프(지방관)를 파견해 통치하게 하면 어떻겠습니까.

호오… 그들이 '짐의 눈과 귀'가 되어 주겠군.

그들을 감시하는 감독관을 돌아다니게 하시지요.

그거 괜찮군.

하지만 사트라프들이 자신의 영지에서 제멋대로 굴지 않겠는가?

168

서둘러 수도인 수사와 지방 도시를 잇는 간선도로를 정비토록 하라!

좋다! 윤허하마.

흑해

소아시아

사르디스

이렇게 정보를 모으거나 군대를 신속하게 움직이는 등 다양한 목적으로

총 길이 2400km에 달하는 간선도로 '페르시아 왕도'가 만들어졌다.

왕의 길 이다!

바빌론

수사

페르세폴리스

이 도로의 주요 지점에는 관문과 수비대가 배치돼 있어 안전하게 통행할 수 있었다.

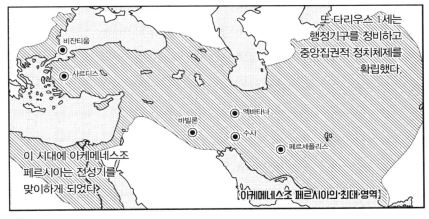

비잔티움

사르디스

또 다리우스 1세는 행정기구를 정비하고 중앙집권적 정치체제를 확립했다.

바빌론

엑바타나

수사

페르세폴리스

이 시대에 아케메네스조 페르시아는 전성기를 맞이하게 되었다.

[아케메네스조 페르시아의 최대 영역]

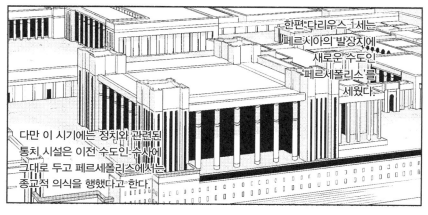

한편 '다리우스 1세'는 '페르시아'의 발상지에 새로운 수도인 '페르세폴리스'를 세웠다.

다만 이 시기에는 정치와 관련된 통치 시설은 이전 수도인 수사에 그대로 두고 페르세폴리스에서는 종교적 의식을 행했다고 한다.

페르시아의 신앙은 유일신을 섬기는 '조로아스터교'였다.

이는 선지자 '자라투스트라'※가 창시한 종교인데,

성경은 『아베스타』이며, 신자들이 광명을 상징하는 불을 숭배하므로 '배화교'라고도 불렸다.

그가 활약한 시기는 명확하지 않아 기원전 20세기 전후부터 기원전 7세기~6세기 등 다양한 설이 존재한다.

※ 영명은 '조로아스터(Zoroaster)'

페르시아는 이전의 아시리아와 달리 정복민을 포섭하는 관용정책을 취했고,

이로써 아람인과 페니키아인의 활동이 보호돼 무역이 번성하게 되었다.

페니키아선

이후 페르시아는 그리스 원정에 실패해 국력이 약화되었지만, (페르시아 전쟁)

오랜 기간 지중해 연안의 여러 지역에 영향을 주며 존속했다.

이 세상은 빛(선)의 신 '아후라 마즈다'와 어둠(악)의 신 '아흐리만'의 전쟁터다.

자라투스트라

조로아스터교는 선과 악의 대립이라는 이원론을 기반으로 삼았는데,

이들이 주장한 '최후의 심판, 천국, 구세주' 등의 이념은 유대교, 그리스도교, 이슬람교에 영향을 주었다.

그의 이름은 '알렉산드로스 3세'. 남유럽의 작은 나라인 마케도니아의 바실레우스*로, 기원전 336년 20살의 나이로 즉위한 인물이었다.

그는 즉위한 지 불과 10여년 만에 페르시아를 정복하고 그 영토의 대부분을 차지했다.

그로부터 200여년이 흐른 기원전 330년, 결국 한 젊은 왕이 원정을 오면서 페르시아는 막을 내리게 되었다.

알렉산드로스 3세

※ 마케도니아 군주의 칭호

명령을 내리시면 바로 부수겠습니다.

전하, 이곳이 키루스 2세의 무덤입니다.

그만 두어라. 그는 위대한 군주였다. 묘비에 새겨진 문구를 우리말로 번역해 후세까지 전하라.

예.

인류 역사상 최초로
고도의 문명이 세워진
서아시아와 메소포타미아.

'오리엔트'라 불리는 이곳에서는
도시가 형성되고, 국왕이 군림하며,
종교가 사람을 움직였다.

또 수없이 다양한
법률·학문·예술 등의
문화가 탄생하고
후대로 전승돼

오늘날에도 여전히
우리의 생활 속에
살아 숨 쉬고 있다

인도의 인더스 강과
중국 대륙의 황허 강,
양쯔 강유역은

메소포타미아 · 이집트
보다는 조금 늦게
고대 문명이 발달했다.

이 지역들의 문명은
농업을 바탕으로
발전했는데.

174

환경의 영향을 받아 사회적 특징이 형성되고 문화의 기초가 육성되면서

오늘날까지 전승되고 있다.

주왕
상(商)의 마지막 왕

달기
주왕의 비

주공 단
무왕의 동생

무왕
주(周)의 시조

175

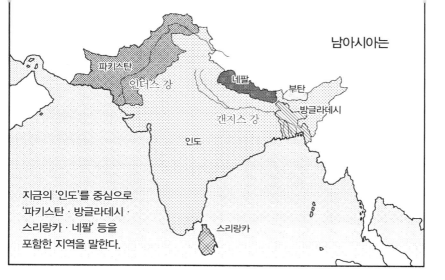

남아시아는

파키스탄
인더스 강
네팔
부탄
방글라데시
갠지스 강
인도
스리랑카

지금의 '인도'를 중심으로
'파키스탄 · 방글라데시 ·
스리랑카 · 네팔' 등을
포함한 지역을 말한다.

산맥에서 흘러나오는
갠지스 강의 강줄기를 따라
광활한 평야가 펼쳐져 있고,

기분
좋니?

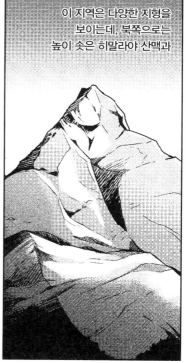

이 지역은 다양한 지형을
보이는데, 북쪽으로는
높이 솟은 히말라야 산맥과

중앙에는
데칸 고원,

남쪽으로는 해안선이
쭉 뻗어있다.

서쪽으로는
건조한
사막지대,

드디어
내리기
시작했다!

비다!

한편 이 지역의 계절은
몬순(계절풍)의 영향을
받아

오랜 기간
비가 내리는
'우기'와

비가 거의 내리지
않는 '건기'로
뚜렷이 구분된다.
(몬순기후)

헥헥…
목말라…

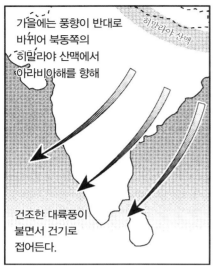

가을에는 풍향이 반대로 바뀌어 북동쪽의 히말라야 산맥에서 아라비아해를 향해

건조한 대륙풍이 불면서 건기로 접어든다.

초여름에는 남서쪽의 아라비아해에서 습기를 머금은 해양풍이 불면서

우기로 접어들고.

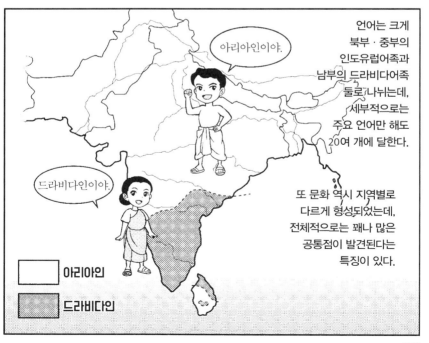

아리아인이야.

드라비다인이야.

언어는 크게 북부·중부의 인도유럽어족과 남부의 드라비다어족 둘로 나뉘는데, 세부적으로는 주요 언어만 해도 20여 개에 달한다.

또 문화 역시 지역별로 다르게 형성되었는데, 전체적으로는 꽤나 많은 공통점이 발견된다는 특징이 있다.

아리아인

드라비다인

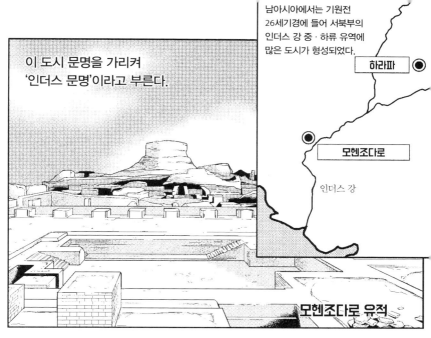

남아시아에서는 기원전 26세기경에 들어 서북부의 인더스 강 중·하류 유역에 많은 도시가 형성되었다.

하라파 ◉

◉ 모헨조다로

인더스 강

이 도시 문명을 가리켜 '인더스 문명'이라고 부른다.

모헨조다로 유적

대표적인 도시로는 '모헨조다로'와 하라파가 있다.

하라파는 다른 도시보다 빠르게 발견된 유적이지만, 아쉽게도 후대 사람들에 의해 손상을 입어 현재로서는 전체적인 모습을 추정할 수 없다.

하라파 유적

이봐!

여기 벽돌이 부족하다!

기원전 26세기경 모헨조다로

모헨조다로의 우물

예, 알겠습니다!

인더스 문명에서는 구조물을 지을 때 주로 구운 벽돌을 사용했는데, 이는 햇볕에 말린 흙벽돌보다 튼튼했다.

서둘러 목욕탕을 지어서 몸을 씻자고!

이들은 몸을 깨끗이 하기 위해 도시 내에 공중목욕탕을 지었는데, 바닥에 빈틈없이 벽돌을 깔고 표면에 역청을 발라 방수 처리를 했다.

모헨조다로를 비롯해
대부분의 인더스 문명
도시들은

잘 짜인 도시 설계에
따라 형성돼 있어.

강력한 힘을 지닌
지도자가 있었을
것으로 추정된다.

좋아!
모두들
수고했어!

도시에는 많은 수의
상인과 장인이
살았고,

또 무덤을 분석한 결과,
다양한 인종이 어우러져
살았다는 사실이
발견되었다.

풍족한 생산물을
기반으로 도시 생활을
영위했다.

유적에서 이집트·메소포타미아 같은 웅장한 궁전이나, 신전은 찾아볼 수 없었다.

한번 가 볼까?

엄마, 사람들이 모여 있어요!

다만 강대한 권력을 지닌 전제 군주는 없었는지,

와글 와글

이들의 도시는 성벽이 낮고 무기류가 빈약했으며, 서민의 집이라도 구운 벽돌을 사용해 튼튼한 구조로 지어졌다.

특히 인장에는 소 등의 동물과 함께 인더스 문자가 새겨져 있었는데,

아직 해독되지 않아 자세한 내용까지는 알 수 없다.

와! 무용수 들이다!

근사 하구 나!

모헨조다로에서는 무용수 청동상과 흔히 '신관상'으로 알려진 석상이 발굴되었으며, 청동기, 인장 등이 출토되었다.

주요 무역품은 상아 세공품 · 귀금속 · 보석 세공품 · 면직물 등이었다.

이 중 면직물은 후대에 들어서도 인도 지역의 중요한 특산품으로 취급되었다.

메소포타미아 문명

그러나 이러한 인장은 메소포타미아 유적에서도 출토되기 때문에 무역이 활발히 이루어졌던 것으로 추정된다.

인더스 문명

어이!

참으로 감사하오.

면직물을 가져왔소.

인더스 문명은 기원전 18세기경에 쇠퇴한 것으로 보인다.

지각 변동으로 강의 흐름이 바뀌어 쇠퇴했다는 설, 염해로 인해 쇠퇴했다는 설 등 의견이 분분하지만

정확한 원인은 밝혀지지 않았다.

이봐, 뒤처지지 말게!

인도 서북부 펀자브 지방에 자리를 잡았다.

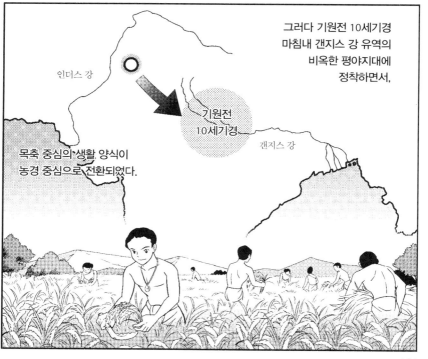

인더스 강

기원전 10세기경

갠지스 강

목축 중심의 생활 양식이 농경 중심으로 전환되었다.

그러다 기원전 10세기경 마침내 갠지스 강 유역의 비옥한 평야지대에 정착하면서,

아리아인은 다신교를 믿었다.

이들은 제단을 마련하고 신들에게 공물을 바쳐, 다산·부·장수·천계로의 환생 등을 기원했다.

드디어 축제 날이로군.

예.

지금 바로 제단을 준비하라.

오늘은 기쁜 날이니,

신들께 공물을 바치고 제사를 드리도록 하지.

아그니
불의 신

그 불꽃으로 부디 기도를 들어주시옵소서.

불의 신 아그니여, 간청드리 옵니다.

특히 불의 신 '아그니'는 불꽃을 이용해 천계의 신들에게 공물을 전해준다고 여겨서 중요하게 모셨다.

불의 신 아그니께 기도를 바치나니.

한편 사람들이 서서히 제사를 중요하게 여기면서 '브라만'이라고 불리는 제사장이 권위를 갖게 되었다.

기원전 10세기경에 편찬된 것으로 추정되며,

남아시아에서 가장 오래된 문헌으로 알려져 있다.

『리그베다』는 브라만이 신들에게 제사를 지낼 때 낭송한 찬송가를 집대성한 책이다.

베다	본집	리그베다
		사마베다
		야주르베다
		아타르바베다
	브라마나	
	아라냐카	
	우파니샤드	

본디 '베다'라는 말은 '지식'이라는 뜻이었으나, 『리크베다』가 편찬된 이후로 '성스러운 지식' 또는 '아리아인의 성경'을 지칭하게 되었다.

자, 반복해서 낭송한다.

예!

'불의 신 아그니께,

한 번 더.

기도를 바치나니.'

오늘날에도 브라만들은 『베다』를 암기하고 있다.

어려워....

난 까먹을 것 같은데.

이러다 달달 외우겠네.

『베다』는 오랫동안 구전으로 전승되다가, 후대에 들어서야 문자로 기록돼 문헌으로 전승되었다.

흐음....

도대체 우주의 근원이란 무엇일까?

시간이 지나며 브라만 중에는 신들을 찬양하는 것만으로는 만족하지 못하고 철학적 탐구를 하는 이들이 나타났다.

본 사람은 없네만.

『우파니샤드』는
이렇게 형성된
고도의 철학
사상을 기록한
책으로,

평생에
걸쳐
질문할
일이다.

'나'라는
존재는
어떤
존재인가?

아하.

소곤
소곤.

책의 이름은
'스승 가까이에 앉아
조금씩 전수받는
비밀스러운 가르침'을
뜻한다고 한다.

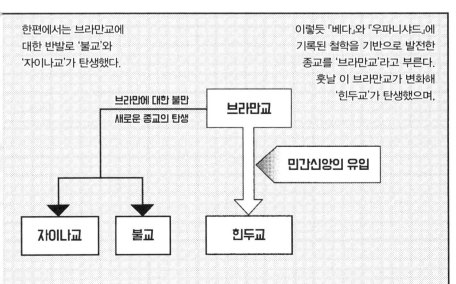

한편에서는 브라만교에
대한 반발로 '불교'와
'자이나교'가 탄생했다.

이렇듯 『베다』와 『우파니샤드』에
기록된 철학을 기반으로 발전한
종교를 '브라만교'라고 부른다.
훗날 이 브라만교가 변화해
'힌두교'가 탄생했으며,

브라만에 대한 불만

새로운 종교의 탄생

브라만교

민간신앙의 유입

자이나교

불교

힌두교

아리안인은 기원전 8세기경부터 철기를 사용한 것으로 보이는데,

처음에는 무기를 만들다가 나중에는 농기구도 만들었다.

도구가 개량되자 농업 생산량이 늘어나 잉여 식량을 비축하는 이들이 생겨났고, 그렇게 점차 사람들 사이에 부와 힘의 격차가 벌어지기 시작했다.

엄마, 저 사람들은 누구예요?

브라만 분들이란다.

모두 길을 터라!

이런 가운데 브라만의 권위가 점점 강해지고 있었다.

브라만?

쉿, 어서 머리 숙이렴.

예….

바르나에 따라 신분은 태어나면서부터 정해져 있어 바꿀 수 없다!

기원전 8세기경에 들어서면 바르나는 인도 사회에서 기본적인 신분 질서로 고착화되었다.

여봐라.

예.

쉿! 큰 소리 내면 안 돼!

우와, 브라만인 사람은 좋겠다~.

브라만을 거역하는 자에게는 신께서 벌을 내리실 것이다! 하하하~!

이놈들! 엿보면 못 쓴다!

네~!

브라만들은 스스로를 '지상의 신'이라고 부르며 강한 권력을 휘둘렀다.

'카스트'*라는
신분제로 변화했다.

세세한 조건·
규칙이 생기며

훗날 이 바르나는
더욱 복잡해지고

※ 바르나(피부색) + 자티(혈통)를 바탕으로 신분을 구분하는
제도. 세속적인 신분제와 다르게 종교적인 특성을 보임

오늘날까지 카스트는
인도 사회에 커다란 악영향을
끼치며 이어지고 있다.

이에 인도 정부는
카스트에 의한 차별을 금지하는
조항을 헌법으로 제정하는 등
많은 노력을 기울이곡 있다.

동아시아는

오늘날의 한반도와
중국 대륙 동부·남부 및
일본 열도·베트남 북부에
해당하는 지역을 말한다.

동아시아

한반도

일본 열도

중국 대륙

타이완 섬

이 지역은
기후가 온난해
농사를 짓기
적합한 토지를
많이 볼 수 있다.

정말
잘 여물었
구나.

아버지,
올해는
풍작이
네요.

덕분에 농업이
발전하고 취락이
빠르게 형성되면서

중국 대륙에는
거대한 왕조가
들어섰다.

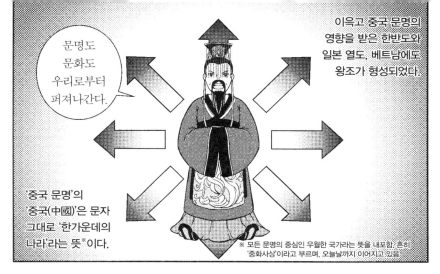

문명도 문화도 우리로부터 퍼져나간다.

이윽고 중국 문명의 영향을 받은 한반도와 일본 열도, 베트남에도 왕조가 형성되었다.

'중국 문명'의 '중국(中國)'은 문자 그대로 '한가운데의 나라'라는 뜻*이다.

※ 모든 문명의 중심인 우월한 국가라는 뜻을 내포함. 흔히 '중화사상'이라고 부르며, 오늘날까지 이어지고 있음.

'한자 · 한자어' 등의 문자 · 말, '유교 · 불교 · 도교' 등의 사상 · 종교 등

동아시아 각국은 제각기 특색 있는 풍토와 언어를 지니면서도,

오늘날까지 이 거대하고 공통된 문화를 공유해 왔다.

한국

중국

일본

베트남

농업 생산량이 늘어나면서 황허 강·양쯔 강 유역에 수백 명이 거주하는 취락이 형성되었는데,

기원전 50세기경

다녀 왔습 니다!

어서 오럼.

할아버지, 새로 만드신 항아리 예요?

그렇 단다.

특히 '하남(허난)' 등의 황허 강 중류 유역에서는 칠무늬토기로 대표되는 '양사오 문화'가 꽃피웠다.

이 시기 사람들은 움집에 거주하면서 벼·기장 등을 재배하고 돼지·개·닭을 사육하며 살아갔다.

서민들이 쓰던 거칠게 만들어진 '회색토기'가 있었다.

이 중 회색토기는 주로 격(鬲)·정(鼎) 등의 세발솥이 출토되었다.

양사오 문화 때의 토기에는 붉은 바탕에 기하학적인 무늬가 그려진 '칠무늬토기'와

회색토기

칠무늬토기

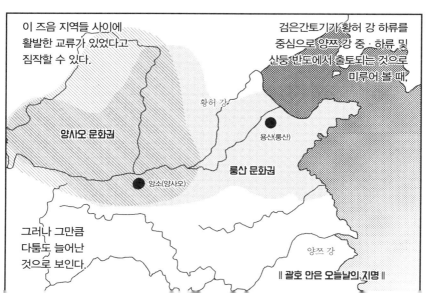

주변을 성벽으로 에워싸고 깊은 해자를 두른 취락이 생겨났기 때문이다.

이러한 취락을 '읍(邑)'이라고 하는데, 도시국가와 유사한 수준이었다.

그리고 훗날에 건국된 왕조 역시 이러한 읍에서 힘을 기른 지도자에 의해 세워졌다.

음, 서로를 위해 그렇게 합시다.

저희와 협력 하시죠.

한편 시간이 흐르며 취락끼리 서로 협력하자

이와 더불어 계층 간의 격차가 벌어지기 시작했다.

정치권력이 집중되면서 강력한 지배자가 등장하게 되었고,

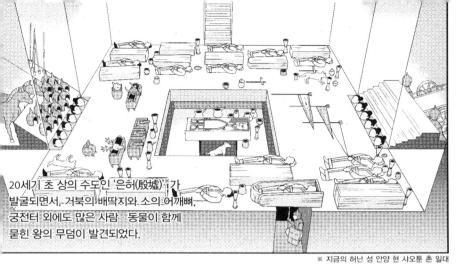

20세기 초 상의 수도인 '은허(殷墟)'가
발굴되면서, 거북의 배딱지와 소의 어깨뼈,
궁전터 외에도 많은 사람 · 동물이 함께
묻힌 왕의 무덤이 발견되었다.

※ 지금의 허난 성 안양 현 사오툰 촌 일대

흐음….
이번 전쟁에서
이길 수
있겠느냐?

상에서는 전쟁의 승패나,
그해 농사의 풍작 등
국가적으로 중요한 일을
판단할 때는

그럼 전하,
지금부터 점을
쳐보겠나이다.

신의 의사를
묻기 위해
점을 쳤다고
한다.

음!

오오, 이 균열의 형태는 …．

어깨뼈 앞면에 생기는 균열을 해석해 길흉*을 판단했다.

우드득

이들은 미리 소의 어깨뼈 뒷면에 홈을 파놓고 불에 달군 봉을 집어넣어

※ '길(吉)'은 좋은 결과, '흉(凶)'은 나쁜 결과를 의미함

음, 그렇다면 전쟁을 준비해야 겠군!

길이 나왔으니 반드시 이길 것입니다.

그러한가. 경사로구나. 와하하!

이 또한 길입니다. 분명 풍년일 것입니다!

거북의 배딱지로 점쳐 보겠 습니다.

그건 그렇고 농사는 어떠한가? 올해는 풍작이 들겠느냐?

이렇게 점을 칠 때 사용되던 거북의 딱지나 소의 뼈를 '갑골'이라고 부른다.

예.

수확 하라.

길합 니다.

이때 사용된 그림문자를 '갑골문자' 라고 한다.

전쟁·농업 등 국가의 운영과 관련된 점괘는 갑골에 그림문자로 새겼는데,

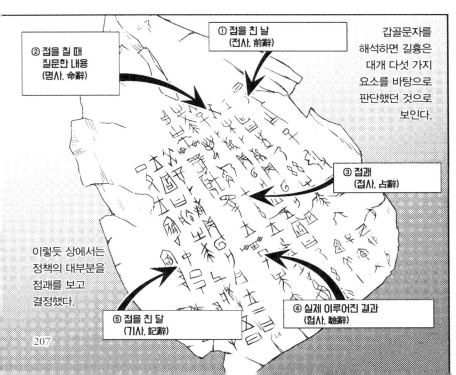

① 점을 친 날 (전사, 前辭)

② 점을 칠 때 질문한 내용 (명사, 命辭)

갑골문자를 해석하면 길흉은 대개 다섯 가지 요소를 바탕으로 판단했던 것으로 보인다.

③ 점괘 (점사, 占辭)

이렇듯 상에서는 정책의 대부분을 점괘를 보고 결정했다.

⑤ 점을 친 달 (기사, 記辭)

④ 실제 이루어진 결과 (험사, 驗辭)

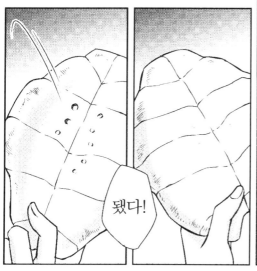

사실 이 점술에는 숨겨진 비밀이 있다.

다 되었느냐?

거의 다 되었습니다. 세심한 손길이 필요해서 ….

됐다!

하하하! 이번 점괘도 길하겠구나.

여기에 불에 달군 봉을 넣으면 '복(卜)' 모양으로 균열이 날 겁니다.

미리 길한 균열이 나오도록 갑골을 가공했던 것이다.

아ー앗!

좋다. 올해는 세금을 올리겠다.

폐하 '길'이 나왔습니다.

그래선인지 실제로 발굴된 갑골에는 길하다는 점괘가 압도적으로 많았다.※

※ 다만 흉한 점괘는 버리고 길한 점괘만 기록해 보관했다는 설도 있음

말은 이렇게 했지만,

예.

즉….

하늘의 뜻이 그러하니 따르도록 하라.

현실은 이러했던 것이다.

음, 사실은 아니지만 하늘의 뜻이라고 해야겠다.

처음 갑골문자가 발견된 것은 오랜 시간이 흐른 19세기 말이었다.

지병에 쓸 약을 좀 사야겠구나.

약방으로 모시겠습니다.

※1 왕의영(王懿榮)·유악(劉鶚), 「철운장귀(鐵雲藏龜)」, 1903

한편 은허 유적에서는
갑골 외에도 제사 때
쓰이던 청동기가
출토되었다.

술과 음식을 담았던
그릇으로 보이는데,
이 청동기의 표면에는
'도철문(饕餮文)'※²이
새겨져 있었다.

도철기봉문방존
상(商)의 청동기

※ 2 눈이 커다란 상상 속의 동물인 '도철'의 모습을
본뜬 무늬. 주술적인 힘을 지녔다고 전해짐

나머지 영토는
각 지방에 위치한
큰 읍의 유력한
씨족 집단이
다스렸을 것으로
추정된다.

상은 많은 읍을 지배하면서
종교 의례를 주관했던
것으로 보인다.

다만 직접적으로
지배했던 지방은
수도 주변부로,

상의 마지막 왕은
'주왕'이었다.

주왕
상(商) 제30대 왕

무 시람은 백성들을 동원해 술로 연못을 만들고, 고기를 나무에 걸어 숲을 만드는 등 온갖 사치를 부렸다.

'주지육림(酒池肉林)'이라는 사자성어는 바로 여기서 유래했다.

마음껏 먹고 마시거라!

네! 여기, 아~.

그 기름을 바른 구리기둥을 건너면 용서해 주겠다. 건널 수 있다면 말이지…?

호호호!

와하하하

곧 이에 반발해 명령을 거역하는 자나, 간언하는 신하가 생겨나자 주왕은 이들을 잔혹하게 죽이기 시작했고,

백성들의 마음은 서서히 주왕에게서 멀어져갔다.

상의 서쪽에 '주(周)'라는 나라가 있었다.

화베이 평원 서쪽의 황투 고원을 거점으로 삼고,

웨이허 강 유역에서 번영한 국가로,

이 무렵에는 상에 복속돼 있었다.

주의 궁전

그렇습니다. 이대로라면 나라가 망할 지경입니다….

뭐라? 전하께서 간언하는 신하들까지 모조리 죽이고 계시다고?

희발님, 폭군 주왕을 쓰러뜨리고 백성들을 구해주십시오!

희발 ※1
주(周)의 시조

※1 무왕의 본명

※2.본명은 '강상', '태공망', 강태공'이라고도 불림
※3.군대와 관련된 작전·지휘·전략을 담당하는 참모

그럼 이제 나는 무엇을 해야 하는가 ….

주왕과 달기가 죽었는가 ….

달기도 ….

그렇게 기원전 11세기경 상은 멸망했다.

화르르

내 목숨도 여기까지 인가…!

앗, 주왕이 …!

※ 훗날 영지를 수여받으며 '주공 단'이라고 불림

즉 하늘이 희발 님을 새로운 천자로 선택한 것이 아니겠습니까?

형님, 이는 하늘의 '명(命, 뜻)'이 '혁(革, 바뀜)'한 것입니다.

'천명이 바뀌다'라는 뜻의 '혁명(革命)'은 이때부터 왕조의 교체를 의미하는 말로 사용되기 시작했다.

희단※
무왕의 동생

이후 희발은 왕으로 즉위해 '무왕'이 되었고 훌륭한 정치를 펼쳐 오늘날의 중국에서도 고대의 성군으로 추앙받고 있다.

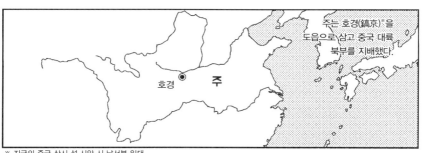

주는 호경(鎬京)을 도읍으로 삼고 중국 대륙 북부를 지배했다.

호경 주

※ 지금의 중국 산시 성 시안 시 남서부 일대

218

사 대부 경

영지 작위 영지 작위 영지 작위

와~. 감사 합니다.

모두에게 나누어 주겠노라.

왕·제후를 따르던 가신들도 그 공적에 따라 '경·대부·사'의 작위와 영지를 수여받았다.

여기서 '봉'은 토지의 경계를 나타내기 위해 흙으로 쌓은 둔덕을, '건'은 지배자의 수여·임명을 말한다.

이 둔덕이 '봉(封)'.

나의 임명이 곧 '건(建)'이다.

이러한 정치체제를 가리켜 '봉건제'라고 부른다.

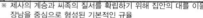

※ 제사의 계승과 씨족의 질서를 확립하기 위해 집안의 대를 이을 장남을 중심으로 형성된 기본적인 규율

왕

아버지 아들 손자

봉건제 사회에서는 대대로 계승되는 '집안'을 중요하게 여겼다.

이 때문에 무엇보다 씨족 집단의 결속이 강조되어서

친족 관계에서 지켜야 하는 다양한 규율과 제사 등에 관한 규칙을 담은 '종법'※이 만들어졌다.

한편 주에서도
상과 마찬가지로
제사를 중요시했다.

다만 이때부터는
청동기에 새겼던 도철문 등의
주술적인 무늬는 사라지고,

임금과 신하 관계의 영원함을
맹세하는 글이 새겨져 신하에게
하사되었다.

상에 비해
더 세속적 · 현실적인
도덕과 인간관계를
기반으로 나라가
다스려진 것이다.

전하
…?

아우야,
나는 상을
떠올리고 있었다….
그 나라도 예전에는
선정을 펼쳤었지.

전하….
요즘 통 주무시지
않는 것 같아
걱정됩니다.

인류가 취락과 도시를 형성하고 정치적으로 결속한 이 시대를 가리켜 '고대'라고 부른다.

고대를 거치며 세계 각지에서는 기후·환경에 맞춰 각국의 제도·체제를 발전시켜갔다.

그렇게 세계에는 복잡하고도 다양한 사회·문화가 탄생하기 시작했다.

주요참고도서·자료

【서적】

- 山川出版社, 『新世界史B』(개정판) / 『詳説世界史B』(개정판) / 『山川 詳説世界史図録』(제2판) / 『世界史用語集』(개정판)
- 朝倉書店, 『考古学のあゆみ 古典期から未来に向けて』/ 『図説 世界文化地理大百科 古代のメソポタミア』
- 岩波書店, 『インド思想史』/ 『古代オリエント事典』/ 『メソポタミア文明入門』, 『文字はこうして生まれた』
- 京都大学学術出版会, 『インダス文明の謎 古代文明神話を見直す』/ 『インダス 南アジア基層世界を探る』/ 『農耕起源の人類史』
- 勁草書房, 『イスラームは特殊か』
- 創元社, 『図説世界の歴史 1 「歴史の始まり」と古代文明』
- 筑摩書房, 『史記I 本紀』
- 中央公論新社, 『殷 中国史最古の王朝』/ 『周 理想化された古代王朝』/ 『世界の歴史 1 人類の起原と古代オリエント』/ 『世界の歴史 4 オリエント世界の発展』
- 東京大学出版会, 『インド思想史』
- 平凡社, 『南アジアを知る事典』/ 『列女伝3』
- 岩波書店, 『岩波 世界人名大辞典』
- NHK出版, 『絶滅の人類史』
- 大月書店, 『輪切りで見える! パノラマ世界史 ① 世界史のはじまり』
- KADOKAWA, 『角川世界史辞典』
- 河出書房新社, 『世界の歴史大図鑑』
- 講談社, 『クロニック 世界全史』/ 『日本全史』/ 『古代インド』/ 『興亡の世界史 人類文明の黎明と暮れ方』/ 『都市の起源 古代の先進地域＝西アジアを掘る』
- 小学館, 『日本大百科全書』
- 新潮社, 『五〇〇〇年前の日常 シュメル人たちの物語』
- 数研出版, 『チャート式 新世界史』
- 中央公論新社, 『シュメル 人類最古の文明』
- 帝国書院, 『明解世界史図説 エスカリエ』(개정11판) / 『最新世界史図説 タペストリー』(개정13판)
- 東京書籍, 『カラーイラスト 世界の生活史』/ 『生物』(개정판)
- 東京美術, 『古代エジプト』
- PHP研究所, 『古代エジプト文明 歴代 王国3000年を旅する』/ 『縄文農耕の世界 DNA分析で何がわかったか』/ 『人類の進化 大研究 700万年の歴史がわかる』
- ニュートンプレス, 『Newton』(2019년 1월호)
- 平凡社, 『世界大百科事典』
- 明治書院, 『新釈漢文大系 史記』/ 『新釈漢文大系 十八史略』
- 山川出版社, 『流れ図 世界史図録 ヒストリカ』
- 悠書館, 『人類進化大全 進化の実像と発掘・分析のすべて』(개정보급판)
- 吉川弘文館, 『中国古代の生活史』

【WEB】

NHK高校講座 世界史, 国立天文台, NHK for School

이 책을 만든 사람들

- 감수: 하네다 마사시(HANEDA MASASHI)
  도쿄대학 명예 교수

- 플롯 집필 · 감수:

  제1장 고이즈미 다쓴도(KOIZUMI TATSUNDO)
  메소포타미아 고고학 교육연구소 대표

  제2장 고이즈미 다쓴도(KOIZUMI TATSUNDO)
  메소포타미아 고고학 교육연구소 대표

  제3장 쓰지 아스카(TSUJI ASUKA)
  가와무라학원 여자대학 준교수

  제4장 홋타 가즈요시(HOTTA KAZUYOSHI)
  오카야마 이과대학 준교수

- 자켓 · 표지: 곤도 가쓰야(KONDOU KATSUYA)
  스튜디오 지브리

- 만화 작화: 아엔 도(AENDOH)

- 내비게이션 캐릭터: 우에지 유호(UEJI YUHO)

차별적 표현에 대하여

『세계의 역사』 시리즈에는 현대를 살아가는 우리가 입에 담아서는 안 될 차별적인 표현을 사용한 부분이 있습니다. 역사적 배경이나 시대적 관점을 보다 정확하게 전달하기 위해, 불편함을 무릅쓰고 꼭 필요한 최소한의 용어만 사용했습니다. 본 편집부에게 차별을 조장하려는 의도가 없다는 점을 알아주시길 부탁드립니다.

— 원출판사의 말

인류의 탄생과 고대의 왕국

(700만 년 전~기원전 6세기)

초판인쇄 2022년 12월 30일
초판발행 2022년 12월 30일

감수 하네다 마사시
옮긴이 일본콘텐츠전문번역팀
발행인 채종준

출판총괄 박능원
국제업무 채보라
책임번역 문서영
책임편집 김도현
디자인 홍은표
마케팅 문선영 · 전예리
전자책 정담자리

브랜드 드루주니어
주소 경기도 파주시 회동길 230 (문발동)
문의 ksibook13@kstudy.com

발행처 한국학술정보(주)
출판신고 2003년 9월 25일 제406-2003-000012호
인쇄 북토리

ISBN 979-11-6801-778-8 04900
979-11-6801-777-1 04900 (set)